Kostbar in Seinen Augen

Ruth Schröter.

Geist und Leben

Studien zur Verwirklichung
der christlichen Botschaft
herausgegeben von
Otto Knoch und Friedrich Wulf

Piet van Breemen SJ

Kostbar in Seinen Augen

Neue Suche nach Gott

Echter Verlag

CIP-Kurztitelaufnahme der Deutschen Bibliothek

Breemen, Piet van:
Kostbar in seinen Augen: neue Suche nach
Gott / Piet van Breemen. [Übers. ins Dt.:
Sr. M. Mechthild]. – Würzburg : Echter-Verlag,
1981.
(Geist und Leben)
Einheitssacht.: Certain as the dawn <dt.>
ISBN 3-429-00709-7

Originalausgabe: Certain as the Dawn,
Dimension Books Inc., Denville, N. J., USA, 1980.
Übersetzung ins Deutsche: Sr. M. Mechtild S.Sp.S. d.A.P.
Imprimatur, Den Haag, den 31. 7. 1980
Dr. J. M. van Leeuwen SJ, Provinzial.

Umschlag: Josef Langhans
Gesamtherstellung: Fränkische Gesellschaftsdruckerei, Würzburg
ISBN 3 429 00709 7

Inhalt

Vorwort

Gott wird immer noch gesucht. Doch hat sich dieses Suchen, da es aus einem ganz anderen Lebensempfinden kommt, in den letzten Jahren und Jahrzehnten stark gewandelt. Daher ist die überreiche Erfahrung des durch viele Jahrhunderte hindurch gelebten Glaubens, die sich in der Schrift niedergeschlagen hat, für manche Menschen unserer Zeit nahezu unzugänglich geworden. Dennoch wäre es unverzeihlich und verhängnisvoll, sollte diese Quelle versiegen. Die Schwierigkeit liegt jedoch darin, daß eine Übersetzung in unsere Sprache und unsere Existenzerfahrung nur möglich ist, wenn das, was weitergegeben werden soll, wirklich neu erlebt wird. Der Kern einer geschichtlich gewordenen Wirklichkeit läßt sich nicht von seiner konkreten Gestalt loslösen, nicht allein, weil er nur in konkreter Gestalt existieren kann, sondern vor allem, weil dieser Kern auch von dieser Gestalt geprägt worden ist. Das Anliegen der folgenden Meditationen ist es, die Gottessuche der Schrift ganz ernst zu nehmen und sie so tief wie möglich nachzuvollziehen, gerade als Mensch der heutigen Welt. Verfasser und Leser begeben sich damit in ein Spannungsfeld, was viel Geduld und Großmut fordert, dann aber auch das Menschsein sehr vertieft und bereichert. In neuer Weise zeigt sich dem heutigen Menschen, wie sehr Gott Liebe ist und der Glaube eine Quelle der Freude.

In den ersten fünf Kapiteln wird versucht, durch biblische Bilder dem lebendigen Gott näherzukommen. Im sechsten Kapitel rückt dann das einzige Gottesbild, durch das der Unaussprechliche sich völlig ausgesprochen hat, in die Mitte, nämlich Jesus von Nazaret. Die Meditationen sind von da an in etwa lockerer gegliedert und zeigen auch einen etwas anderen Charakter: Sie wollen uns helfen, uns hineinzuleben in die Person Jesu Christi, wie ihn das Neue Testament verkündet, und so in der Suche nach Gott weiter vorzudringen.

Piet van Breemen SJ

Zum Geleit

»Vom Hörensagen nur hatte ich von dir vernommen«, bekannte Ijob, als er dem wirklichen Gott begegnete, »jetzt aber hat mein Auge dich geschaut. Darum widerrufe ich und atme auf« (45,5f.).
Viele Anzeichen weisen auf ein neues Interesse der Menschen unserer Gesellschaft an inneren Werten und Erfahrungen hin. Ein Zug nach innen ist spürbar, der sich im Suchen nach Stille, nach Meditation und Kontemplation, nach Entdeckung der Tiefenwirklichkeit der Seele äußert. Ein neuer Aufbruch von »Morgenlandfahrern« (H. Hesse) hat stattgefunden, die im Osten das Heil suchen und sich östlichen Weisheitslehrern anvertrauen, auf östliche Meditationstechniken, Erfahrungen und Zielsetzungen ihre Hoffnung setzen. Das Göttliche im Selbst, in der Tiefenperson, im verborgenen Kern der Wirklichkeit, im Leben soll entdeckt und gefunden werden.
Von der geistlichen Erfahrung des Volkes Gottes Alten und Neuen Bundes, die in der Bibel, der Urkunde der Begegnung des Menschen mit dem wirklichen Gott, glaubwürdig bezeugt ist, wird von den neuen Morgenlandfahrern dagegen nichts mehr erwartet. Denn sie sind als zumeist getaufte und christlich erzogene Menschen in ihren Kirchen des wirklichen Gottes und seines Geheimnisses nicht ansichtig geworden. Sie haben von diesem Gott höchstens die Vorstellung gewonnen, er sei der weltentrückte Schöpfer, Herr und künftige Richter der Welt. Aber Gottes anziehendes, tröstliches, verwandelndes, beseligendes Geheimnis haben sie nie erfahren.
So blieben sie unberührt vom Feuer der prophetischen Gotteserfahrung und von der befreienden Begegnung mit dem Gott und Vater Jesu Christi.
In der Situation eines selbstvergessenen Christentums, das weithin nur vom Hörensagen über Gott und seine Liebe zu uns Menschen »Bescheid weiß«, ist es lebensnotwendig für jeden Christen, sich geistlichen Führern anzuvertrauen, welche die

Bibel, dieses einzigartige Zeugnis der Begegnung des wirklichen Gottes mit Menschen des Volkes Gottes, neu zum Sprechen zu bringen vermögen.
Piet van Breemen ist ein solcher geistlicher Meister, der das Wort des Lebens auf ursprüngliche Weise wieder zum Schwingen und Klingen zu bringen vermag. Wer sich seiner behutsamen, einfühlsamen, aus langer, geduldiger Bemühung um den Gott der Offenbarung gewachsenen Weisheit anvertraut, wird unversehens innewerden, wie Gottes Wort sein Herz ergreift und ihm Glaube, Hoffnung und Liebe schenkt.
Darum wünsche ich dieses Buch aus eigener Erprobung des hier Erschlossenen in die Hände möglichst vieler Christen, die vom überlieferten Glaubenszeugnis in die bezeugte Glaubenserfahrung mit dem liebenden Gott vorstoßen wollen, der uns sich am tiefsten in Jesus Christus offenbarte. Denn nicht die Aufdeckung des eigenen Selbst oder des Tiefengrundes der Welt kann unsere tiefste Sehnsucht stillen, dies vermag allein die Begegnung mit Gottes Liebe selbst.

Passau, im Februar 1981

Für die Herausgeber
Otto Knoch

Erstes Kapitel

Gott ist immer größer

Die Menschen suchen Gott in den letzten zwanzig Jahren auf eine neue Weise; sie hat sich fast völlig gewandelt. Obwohl viel und auf mannigfache Weise nach Gott gesucht wird, bleibt sein Name doch meist ungenannt. Tausende haben sich »nach Osten« gewandt in der Hoffnung, *Satori*, die große Erleuchtung, eine gewisse Unmittelbarkeit zum Letzten Seinsgrund, zu erfahren. Breites Interesse für verschiedenste Formen der Meditation ist erwacht; kritische Stimmen sprechen bereits von einer »Flucht nach innen«. Solidarität mit den Armen und Entrechteten ist bewußter geworden und äußert sich freimütiger. Die Bemühungen um den Frieden erwecken außerordentliches Interesse und in engerem Kreis auch einen tatkräftigen, hochherzigen Einsatz. Die Befreiungsbewegungen mit verschiedenen Schwerpunkten machen von sich reden. Neue Religionen in säkularisierter Gestalt?

Wenn wir in die Geschichte zurückschauen, stellen wir fest, daß unsere Vorfahren sich mit viel Scharfsinn, Eifer und Liebe um die Gottesbeweise gemüht haben. In unserer Generation finden diese jedoch wenig Anklang. Für uns ist die brennende Frage nicht so sehr die Existenz Gottes als vielmehr die Bedeutung dieser vier Buchstaben. Abgenutzt vom vielen Gebrauch, gleicht das Wort einer abgegriffenen Münze; überbeansprucht, hat es seine Substanz verloren. Es hat seine Lauterkeit eingebüßt, so daß die Menschen dagegen allergisch geworden sind. Die Realität Gottes erscheint höchst fragwürdig, vor allem, weil man sich des Ausmaßes von Leid in unmittelbarer Nähe und auf weltweiter Ebene erschreckend bewußt wurde. Ist Gott eine Wirklichkeit? Oder schlechthin eine psychische Projektion, die Erfindung eines verzweifelten Herzens?

Obschon wir gelernt haben, daß wir Gottes Schöpfung sind, argwöhnen wir, daß Gott möglicherweise nichts weiter ist als unsere Schöpfung. Diese Idee wurde nach dem anfänglichen Schock als eine Erleuchtung und Befreiung begrüßt. Endlich hatten wir die Kinderschuhe ausgezogen! Dann aber schien es doch so, als sei uns etwas Wesentliches entglitten und als habe das Leben etwas von seiner Spannkraft und Tiefe verloren. Verschiedene Psychiater äußerten sich vor kurzem besorgt über eine neue Form von Neurose, deren Ursache ein Mangel an Spiritualität sei. Harvey Cox beschreibt die Entwicklung:

> Ich bin überzeugt, daß die heutige Welle des Skeptizismus über die Zukunftserwartung des Menschen und über die Frage, ob wir überhaupt Einfluß auf die Geschichte nehmen können, hauptsächlich von der modernen Anmaßung herrührt, daß der Mensch für alles Geschehen voll verantwortlich ist und daß in der kosmischen Entwicklung und der menschlichen Geschichte keine höhere Intelligenz und kein höherer Zweck am Werke sind. Die Hinwendung zum Osten ist die logische Folge des Todes Gottes. Das stellt eine merkwürdige Verdrehung in der Geistesgeschichte dar. Einstmals argumentierten freidenkerische Humanisten, daß Menschen träge werden, wenn die Existenz einer Gottheit postuliert wird, daß sie sich einen guten Tag machen und alles Gott überlassen. Wenn jedoch die Aufgaben ins Ungeheure wachsen – und das ist die andere Seite der gleichen Münze –, und die Herausforderungen die Kräfte nahezu übermannen, dann treibt nicht ein kosmischer Verbündeter, sondern der Mangel an einem solchen, die Menschen zur Verzweiflung.[1]

Eine kleine Parodie verdeutlicht das gleiche auf mehr satirische Weise. Ein Reisender kam in der Wüste vom Wege ab. Von der Sonne ausgedörrt, sieht er in der Ferne eine Oase. »Oh«, denkt er, »eine Fata Morgana will mich in die Irre führen.« Er nähert sich der Oase, doch sie verschwindet nicht. Deutlich sieht er die Dattelpalmen, das Gras und sogar eine Quelle. »Nichts weiter als eine Durstillusion, die mir mein übergeschnappter Verstand vorgaukelt. Solche Phantasien stellen sich in meinem Zustand leicht ein. Vorspiegelung! Ich höre sogar das Wasser plätschern. Ohne Zweifel eine Halluzination des Gehörs. Oh, wie grausam die Natur ist!« Kurze Zeit danach finden ihn zwei Beduinen tot. Der eine sagt zum anderen: »Die Datteln wachsen ihm fast in den Mund, und doch ist er verhungert; das Quellwasser fließt ihm zur Seite, und doch ist er verdurstet. Wie ist so etwas möglich?« Der andere: »Er war ein moderner Mensch, er starb aus Angst vor einer Projektion.«

Obschon übertrieben, hat die Erzählung doch etwas für sich. Die Furcht, Gott könnte nichts weiter sein als eine romantische Anwandlung oder eine Flucht vor den Härten des Lebens, existiert – das ist ein Faktum. Zuweilen begegnen wir auch der Überzeugung, der Glaube an Gott sei ein billiges Beruhigungsmittel in leidvollen Stunden oder ein bißchen Kitt, um die Löcher in unserer Lebensanschauung zu stopfen. Übersehen wird oft, daß diese Furcht vor der Projektion niederdrückend und erstickend wirken kann.

Das heißt aber nicht, daß die Furcht vor der Projektion vollkommen aus der Luft gegriffen ist. Folgende Erfahrung eines Studenten soll das erläutern. In einer der ersten Begegnungen mit dem Begleiter von Einzelexerzitien sagte er diesem, daß er sich Gott vorstelle als einen riesigen Eiswürfel mit einem kleinen Licht in dessen Mitte. Der Begleiter konnte daraus nicht schlau werden, beließ es aber vorerst dabei. Gegen Ende der Exerzitien kam der junge Mann selbst darauf zurück: Er habe entdeckt, daß *er* selbst der Eiswürfel sei mit dem Licht in der Mitte. Er erzählte dann, daß er unter seinen Mitstudenten recht beliebt sei. Und doch habe er das Gefühl, daß sie nicht an ihn herankommen könnten. Ihm war, als sei er ein von einer dicken Eisschicht abgeschirmtes anziehendes Licht. Die Exerzitien begannen Frucht zu tragen, als er seine Projektion erkannte, sein Gottesbild einer Läuterung unterzog und im Selbstverständnis wuchs.

Wenn auch nicht jeder Fall einer Projektion so massiv ist wie der des Studenten, so müssen wir doch zugeben, daß jedes unserer Gottesbilder ein gewisses Maß von Projektion enthält. Wir sehen Gott »wie in einem Spiegel«. Unsere menschliche Begrenztheit, unsere »condition humaine«, hindert uns daran, Gott zu sehen, wie er ist. Das soll nicht heißen, daß jedes beliebige Bild so gut ist wie das andere und auch nicht, daß wir uns nicht bemühen sollen, unsere Projektionen zu läutern und zu verringern. Es heißt vielmehr, daß wir Projektionen nie völlig

vermeiden können, bis wir Ihn von Angesicht zu Angesicht schauen.
Das nämliche Menschsein, das uns unsere eigenen, wenn auch unzulänglichen Gottesbilder entwerfen läßt, zerschlägt sie auch von Zeit zu Zeit. C. S. Lewis[2] vergleicht in einigen feinsinnigen Tagebuchaufzeichnungen, die er nach dem Tod seiner Frau, die an Krebs starb, niederschrieb, unsere Vorstellung von Gott mit einem Kartenhaus. Gehen wir mit genügender Sorgfalt und Geschicklichkeit ans Werk, können wir beeindrukkende Gebäude errichten. Doch da unsere Gottesbilder sich leicht in Götzen verwandeln, müssen sie von Zeit zu Zeit vom Postament gestürzt werden. Gott rüttelt darum gelegentlich am Tisch, auf dem wir unser Kartenhaus aufgebaut haben, und das »Heiligtum« fällt zusammen. So macht sich der Herr selbst zum großen »Bilderstürmer«. »Könnten wir nicht beinahe sagen, daß sich in diesem Rütteln seine Anwesenheit kundtut?« Für Lewis war der Tod seiner Frau solch eine traumatische Erfahrung, in der sein Gottesbild zerbröckelte. Er brauchte geraume Zeit, bis es ihm bewußt wurde, daß dies doch eine Gnade war.
Das Gefühl, Gott selbst verloren zu haben, wenn unser Bild von Gott zunichte wird, ist eine schmerzliche Erfahrung. Und doch hält uns das nicht davon ab, mit einem neuen Kartenhaus zu beginnen. Wir können einfach für längere Zeit nicht ohne ein solches sein. In das neue Bild werden die Wirkungen der letzten schockierenden Erfahrung integriert. Es zeigt, wie wir das Leiden verarbeitet haben. Zuweilen stellt das neue Bild Gott als grausam dar oder als einen Tyrannen. Echter Glaube ist gefordert, im Schmerz das Positive zu erkennen, im Kummer das Vertrauen nicht zu verlieren und nach einer erneuten Enttäuschung wieder ein hoffnungsvolles Gottesbild aufzubauen. Doch das neue Bild wird schließlich das Geschick des vorherigen teilen. Es stürzt ein. Wenn wir uns von dem Schrecken erholt haben, beginnen wir aufs neue – so sind wir Menschen nun einmal.
Wenn es so ist, daß *wir* bis zu einem gewissen Grad unsere Gottesbilder gestalten, so ist es nicht weniger wahr und wahrscheinlich von größerer Bedeutung, daß unsere Gottesbilder

uns gestalten. Auf die Dauer werden wir so wie der Gott, den wir uns vorstellen. Ein Mensch, der sich Gott als eine despotische Supermacht denkt, der seinem Volk alle möglichen Härten aufbürdet, wird furchtsam, sklavisch und stellt wahrscheinlich selbst ziemlich hohe Anforderungen an seine Mitmenschen. Hat ein Mensch eine sehr unpersönliche Vorstellung von Gott, so ist auch seine Frömmigkeit leicht unverbindlich und verschwommen. Der Gott der Prädestination formt düstere, hart arbeitende Menschen. Vorsehung, verstanden als ein göttliches Wirken mit Ausschluß jedes menschlichen Einflusses, schafft eine ängstliche Lebensweise mit puritanischen Gesetzen. Der Glaube an Gott als Abba erzieht vertrauende, freie Menschen; der Gott der Liebe, wie wir ihn aus dem ersten Johannesbrief kennen, gütige Menschen. Daß unsere Gottesvorstellung unser Leben weitgehend formt, mag einer der Gründe sein, weshalb die Heilige Schrift dem Bemühen um die Gotteserkenntnis eine solche Bedeutung beimißt.
Andererseits verbietet die Schrift, vor allem das Alte Testament, streng, sich von Jahwe ein Bild zu machen. Das gilt ohne Zweifel zunächst von Bildern aus Stein und Holz. Doch kann die Gefahr, sich von Gott intellektuelle Bilder zu machen, weit größer sein, da diese die Gottheit in unsere geistigen Grenzen einzuschließen drohen. Den Allmächtigen auf eine handliche Größe oder etwas Endliches reduzieren zu wollen, ist tatsächlich ein allgemeiner, doch verhängnisvoller Irrtum. Das ist hauptsächlich deshalb gefährlich, da wir Gott dann nicht erkennen, wenn er tatsächlich in unser Leben tritt; und das tut er ständig auf vielerlei Weise. Wir sind einfach zu sehr eingenommen von unseren eigenen Ideen über Gott und übersehen ihn in jeder anderen Gestalt. Zweitens verleiten uns unsere begreifbaren, verständlichen Gottesbilder dazu, zu vergessen, daß Gott der ganz Andere ist, und reduzieren ihn auf das Maß unserer Welt. Thomas von Aquin warnt uns vor dieser Versuchung: »Wenn du ihn verstehen kannst, ist er nicht Gott.« Ähnlich spricht der Zenmeister: »Wenn du dem Buddha begegnest, töte den Buddha«, das heißt wenn du meinst, du hast den Buddha verstanden, lösche dieses Verständnis aus. Anzuerkennen, daß »Gott immer größer ist«, ist der Kern dieses Geheimnisses. Wie

groß wir ihn auch denken, er ist immer größer. Er kann niemals be-griffen werden. Wir können uns ihm nur ganz zu eigen geben und uns von ihm er-greifen lassen.
Wer Gott sucht, hat in der Gotteserkenntnis schon beachtliche Fortschritte gemacht, wenn er, ehe er weiß, wer Gott ist, weiß, wer er nicht ist (Augustinus). Es *gibt* eine Beziehung zu Gott, doch sie überschreitet unser Verständnis. Wenn er uns auch gegenwärtiger ist, als wir uns selbst, so übersteigt er dennoch unser Denken. *Die Wolke des Nichtwissens* betont diese Tatsache mehr als einmal: »Können wir Gott auch nicht denkend erkennen, so können wir ihn doch lieben« (Kap. 6), und: »Nicht unser Denken, sondern nur die Liebe kann Gott, wie er sich selbst ist, erkennend umfassen« (Kap. 8).[3] Da wir an Gott gebunden sind als an einen Unbekannten, braucht es viel Mut, dieses Geheimnis zu leben. Es kann schon ein Schock sein, wenn uns bewußt wird, daß wir im eigentlichen Sinn nicht über Gott als »Er« sprechen können, sondern nur zu Gott im ehrfurchtsvollen »Du«. Ein klassischer, dem heiligen Gregor von Nazianz zugeschriebener Hymnus bringt die überströmende Freude und den herben Schmerz dieses Geheimnisses zum Ausdruck:

Du, der Über-allem!
Darf ich anders Dich nennen?
Wie soll Wort Dich loben,
den kein Wort kann sagen?
Wie soll Geist Dich schauen,
den kein Geist kann fassen?
Du allein bist unaussprechbar,
schufst aber alles, was spricht.
Du allein bist über allem Denken
und schufest doch alles, was gedacht wird.
Alles preist Dich, was Stimme hat und was stumm ist.
Alles verehrt Dich, was denkt und nicht denket.
Gemeinsam ist das Verlangen aller,
das Sehnen aller nach Dir.
Dich flehen alle an.
Alles, was Dich in Deiner Schöpfung erkennt,
singt Dir einen schweigenden Hymnus.

In Dir allein hat alles Bestand,
zu Dir hin strebt alles.
Du bist das Ziel für alles,
Du der Eine und alles und doch nichts von all diesem.
Nicht bist Du eines und nicht alles
und hast doch alle Namen.
Wie soll ich Dich nennen, Du allein bist unnennbar.
Welcher himmlische Geist
könnte durch die Schleier dringen,
die noch über den Wolken des Himmels sind?
Sei gnädig, Du, der Über-allem.
Darf ich anders Dich nennen?[4]

Wenn wir auch nicht in angemessener Weise über Gott sprechen können, so können wir doch auch nicht über ihn schweigen. Obschon wir nur zu gut wissen, daß kein Bild ihm vollständig gerecht werden kann, können wir doch nicht umhin, Bilder zu gebrauchen. Dazu kommt noch, daß wir, da er jenseits unseres Verstehens ist, immer mehr als ein einziges Bild brauchen. Ein Mensch, der nur ein einziges Bild von Gott hat, betet einen Götzen an. Deshalb bietet uns die Heilige Schrift selbst viele Bilder und Namen für Gott. Keines ist entsprechend, jedes bleibt offen und führt hin zu anderen Bildern. In den nächsten vier Kapiteln betrachten wir die Bilder Hirt, Vater, Leben und Liebe. Das führt uns zu dem einen Bild Gottes, das ganz und gar entsprechend *ist*, Jesus von Nazaret. Von ihm handeln die weiteren Kapitel des Buches.
Der Name Jahwe wurde Mose im brennenden Dornbusch in der Wüste geoffenbart. Auch wir müssen in eine Wüste gehen, von welcher Art sie auch immer sein mag, um zu einer persönlichen Erfahrung zu kommen, worin wir erkennen, daß Gott der einzige ist. Durch und durch erfüllt von dieser innerlichen und doch alles übersteigenden Erfahrung und überströmt von Leben aus dem göttlichen Brunnquell, kehren wir zurück zu unserer befreienden Sendung unter den Menschen. »Machen wir der Welt, weder der Kirche noch dem Leben selbst Vorwürfe, daß sie uns Gottes Antlitz verstellen. Sind wir Gott einmal wirklich begegnet, erfahren wir, daß er alles an sich zieht und daß

uns nichts von ihm trennen kann, wenn wir es nicht selbst wollen. Geben wir deshalb dieser Art billiger Entschuldigung den Abschied.«[5]

Gott, der jenseits aller Vorstellungen ist, kann niemals erfaßt werden, doch er kann uns erfassen und ganz und gar in seinen Bann ziehen. Die Heiligen und die Mystiker sind ein Widerschein dieser Erfahrung. Vielleicht sehnen auch wir uns nach einer solchen Erfahrung. Sie kann uns zu besseren und lebendigeren Christen machen. Und doch ist ein Wort der Vorsicht am Platz.[6] In unserer Beziehung zueinander wie auch zu Gott besteht ein Unterschied darin, ob wir eine Person suchen – Gott oder einen Menschen – oder unsere Erfahrung von dieser Person. Suchen wir die Person, die wir in ihrer Unverwechselbarkeit der Gefühle, Gedanken, Sehnsüchte und ihres Wesens lieben, oder suchen wir eine Liebeserfahrung mit dieser Person? Suchen wir die Person, die uns etwas bedeutet, oder suchen wir nur ihre Anwesenheit, in der wir uns wohl fühlen? Suchen wir Gott, oder suchen wir unseren Trost und unsere Andacht? Auf das Glück des anderen aus zu sein, ist etwas ganz anderes, als unserer Einsamkeit entfliehen zu wollen. Sobald sich unsere Aufmerksamkeit von der anderen Person wegbewegt und auf unsere eigene Erfahrung dieser Person richtet, geht das Eigentliche dieser Liebesbegegnung verloren. Augustinus nennt das »amabam amare«, das heißt »ich liebte, verliebt zu sein«. Erst seine Bekehrung öffnete ihm die Augen, um die Hohlheit dessen zu erkennen, was er »Liebe« genannt hatte!

Die Erfahrung um der Erfahrung willen suchen heißt, sich selbst suchen. Viele menschliche Beziehungen zerbrechen, weil wir diese subtile Grundwahrheit vergessen oder vielleicht nie darum gewußt haben. Wie oft wird Gott kaum noch gesucht, wenn die fühlbare Erfahrung seiner Gegenwart verebbt. Einige »geistliche« Schriften handeln mehr über die Psyche des Menschen als über die Realität Gottes, mehr über unsere Gefühlsregungen als über die Person Jesu Christi. Einige Christen behaupten, daß es ihr Glaube ist, der sie antreibt, in dieser Weise zu reden. In Wirklichkeit aber handeln sie nach dem Gebot ihrer eigenen Prinzipien und Traditionen. Man kann nur hoffen, daß diese Ausdruck ihres Glaubens sind.

Der Glaube beschäftigt sich mit dem, was *jenseits* von Ausdruck und Erfahrung liegt. Unser Verstehen und die Bilder, deren wir uns bedienen, bleiben immer hinter der göttlichen Realität zurück. Unser lebenslanger Pilgerweg führt uns nicht zu einer bleibenden Wohnstatt; er wird, so hoffen wir, unsere Beziehungen zu Gott läutern und verinnerlichen, bis der Tod uns vereint.

Gott, dieser Name, mit dem wir dich nennen,
ist schal geworden.
Diese vier Buchstaben haben ihre Lebenskraft und Herausforderung verloren,
ihre Gewißheit und Tiefe.
Wir bitten dich, offenbare unserer Generation
aufs neue ihren Sinn.
Führe uns auf dieser lebenslangen Pilgerreise,
auf der dein Name sich uns lebensnah entziffert.
Niemals werden wir dich erfassen können,
so erfasse du uns, wir bitten dich,
und entfalte uns hinein in das Geheimnis deines Wesens.
Gib uns Glauben,
in dir stets neues Leben zu finden,
und Offenheit,
es anderen weiterzuschenken,
heute und alle Tage und in Ewigkeit. Amen.

Zweites Kapitel

Der Herr ist mein Hirt

Hirten spielen im Alten Testament eine bedeutende Rolle. Ihre ausgeprägte Eigenart macht sie wie geschaffen zum Bild für Gott. Das semitische Wort gibt den dynamischen Lebensstil der jüdischen Nomaden gut wieder. Von Anfang an waren sie ein Volk, das stets in Bewegung war. Die Lebensweise der Nomaden ist eine verwundbare. Da die Hebräer der Frühzeit den Gefahren von Wetter und wilden Tieren ausgesetzt waren, mußten sie beständig wachsam und gerüstet sein. Diese naturbedingte Wachsamkeit im Alltagsleben übte einen tiefgehenden Einfluß auf den Volkscharakter aus. Als die Juden später seßhaft geworden waren und Ackerbau betrieben, brachten sie die Erstlingsfrüchte in einer Weihehandlung dar, die mit den Worten begann: »Mein Vater war ein heimatloser Aramäer ...« (Dt 26,5). Diese Gebetsworte hielten die Erinnerung an die ursprüngliche Tradition der nomadisierenden Vorväter lebendig.

Daß das jüdische Volk ursprünglich ein Hirtenvolk war, wird an einigen der großen Gestalten seiner Geschichte deutlich. Da ist zunächst Abraham, der Vater des auserwählten Volkes. Er war ein machtvoller Hirt mit Herden, die so zahlreich waren, daß das Land nicht ausreichte, sie und die seines Vetters Lot aufzunehmen. Dann Mose, der für Israel das Gesetz empfangen hat und durch den das Volk zum Volk wurde. Er hütete die Schafe seines Schwiegervaters Jitro, als Jahwe ihm im brennenden Dornbusch erschien und ihm den Auftrag gab, das Volk aus Ägypten herauszuführen. Als Bürgschaft dieser Sendung offenbarte Jahwe Mose seinen Namen. Und schließlich David, Gründer der Dynastie, aus der der Messias geboren werden sollte. Er hütete seines Vaters Schafe, als Samuel nach Betlehem kam, um einen der Söhne Isais zum König von Israel zu salben. Als der stolze Vater sieben seiner Söhne als mögliche Kandidaten vorgestellt hatte, war der Hohepriester noch nicht zufrieden. Auf seine Nachfrage antwortete Isai: »Der jüngste (der

Söhne) fehlt noch, aber er hütet gerade die Schafe« (1 Sam 16,11). Nun wurde David von der Weide geholt, und Samuel salbte den jungen Hirten ohne Zögern vor seinem Vater und allen seinen Brüdern. So kann Psalm 78 mit Recht sagen:

> Er erwählte seinen Knecht David;
> er holte ihn weg von den Hürden der Schafe,
> von den Muttertieren nahm er ihn fort,
> damit er sein Volk Jakob weide
> und sein Erbe Israel.
> Er sorgte für sie mit lauterem Herzen
> und führte sie mit klugen Händen (V. 70–71).

Daraus wird ersichtlich, daß die Führer der jüdischen Geschichte Hirten waren wie das Volk, das sie leiteten. Da dieser Beruf in unseren westlichen Ländern selten geworden ist und noch dazu beträchtlich von der ursprünglichen semitischen Tradition abweicht, wird es von Nutzen sein, den Begriff des alttestamentlichen Hirten etwas näher zu beleuchten.

Im Hebräischen gibt es drei verschiedene Synonyme für das Wort »Hirt«. Das sollte nicht überraschen, denn je größer die Rolle ist, die ein Begriff im Leben eines Volkes spielt, desto zahlreicher sind die dafür gebräuchlichen Worte. So wird gesagt, daß die Eskimos 15 verschiedene Wörter für Schnee haben; einige afrikanische Stämme gebrauchen 20 verschiedene Bezeichnungen für unser Wort Banane. Und die Indonesier haben fünf unterschiedliche Wörter für die aufeinanderfolgenden Wachstumsstadien des Reises.

Obwohl die drei hebräischen Synonyme für das Wort »Hirt« grundsätzlich die gleiche Bedeutung haben, zeigt doch jedes seine spezielle Nuance. So finden wir diese drei Bezeichnungen: scharf beobachten, mit äußerster Aufmerksamkeit wachen; gewohnheitsmäßig auf der Hut sein, achtsam und gerüstet für drohende Gefahr; sorgfältig überlegen, vorausschauen und planen. Der aktive Charakter aller drei Wörter läßt jedes mehr als Verb erscheinen denn als Substantiv.

Dieser Zugang von der Etymologie her lehrt uns, daß ein Hirt alle drei Begriffsinhalte verkörpert. Er ist auf der Hut, umsichtig, wachsam, bereit; er sorgt und ist besorgt. Vor einigen Jahren traf ich einige Teenager, die einen Teil Frankreichs durchwandert hatten. Sie erzählten mir, daß sie eines Morgens auf einen Hirten mit seiner Herde gestoßen waren und beschlossen hatten, den Tag bei ihm und seinen Schafen zu verleben. Am Ende des Tages konnten die jungen Leute nur staunen, daß der Schäfer sich den ganzen Tag lang nicht ein einziges Mal gesetzt hatte. Ab und zu hatte er sich auf seinen Stab gelehnt, sich aber niemals niedergesetzt, um seine Herde nicht aus dem Auge zu verlieren.

Ein Hirt ist ein Mensch, der sich mit Leib und Seele seiner Aufgabe verschrieben hat. Es webt eine gewisse Mystik um einen Hirten, der mit und für seine Herde lebt. Sehr schön ist diese Mentalität dargestellt in Natans kleiner Parabel, die Davids Augen nach der Affäre mit Batseba öffnen sollte. Der Prophet erzählt von einem armen Mann, der ein kleines Lamm hatte: »Er zog es auf, und es wurde bei ihm zusammen mit seinen Kindern groß. Es aß von seinem Stück Brot, und es trank aus seinem Becher, in seinem Schoß lag es und war für ihn wie eine Tochter« (2 Sam 12,3). Ein Missionar, der unter den Hirten der Beka-Ebene im Libanon arbeitet, erzählte mir, daß viele seiner Leute buchstäblich mit ihren Tieren schlafen und ... daß man es riechen kann! So kennt der Hirt seine Tiere, und sie kennen ihn. Er lebt so eng mit ihnen zusammen, daß er fühlen und spüren kann, wie es ihnen geht. Keine Veränderung, kein Mangel entgeht seiner Aufmerksamkeit. Seine Autorität unter den Schafen gründet sich ganz und gar auf seine ständige Gegenwart, Zuwendung und Sorge.

Ein Hirt ist kein Weichling; er ist ein Mann, der fähig und bereit ist, seine Tiere zu verteidigen, wenn nötig, bis zum Kampf. Hier gibt David wiederum ein typisches Beispiel; es ist uns in 1 Sam 17 aufgezeichnet. Davids Vater hatte seinen Sohn mit etwas Zusätzlichem zum Lager der Armee geschickt, um dessen drei Brüdern, die im Kampf gegen die Philister standen, eine Freude zu machen. Dort sah David, wie Goliat zum Zweikampf mit einem Israeliten aufrief und so das Heer der Israeliten herausforderte. David bot sich, erschüttert darüber, daß keiner mutig genug war, die Herausforderung anzunehmen, sofort selbst zum Kampf an. König Saul versuchte, es ihm auszureden, denn

David war noch jung und bei weitem nicht stark genug, gegen den Riesen anzutreten. David antwortete: »Dein Knecht hat für seinen Vater die Schafe gehütet. Wenn ein Löwe oder ein Bär kam und ein Lamm aus der Herde wegschleppte, lief ich hinter ihm her, schlug auf ihn ein und riß das Tier aus seinem Maul. Und wenn er sich dann gegen mich aufrichtete, packte ich ihn an der Mähne und schlug ihn tot. Dein Knecht hat die Löwen und den Bären erschlagen, und diesem unbeschnittenen Philister soll es genauso ergehen wie ihnen, weil er die Schlachtreihen des lebendigen Gottes verhöhnt hat« (34–36). Welcher Mut eines Hirtenjungen!

Ein Hirt ist nicht nur seiner Aufgabe verschrieben und tapfer, er ist auch ein Mann mit starkem Verantwortungsbewußtsein. In jener Zeit gab es keine Banknoten und Wertpapiere. Kapital wurde weitgehend in den Herden unter der Sorge eines Hirten investiert. Kamen Schafe um, wurde er zur Rechenschaft und zu Schadenersatz gerufen. Diese Verläßlichkeit und dieses Verantwortungsbewußtsein finden wir bei Jesus, dem Guten Hirten. Wir hören ihn sagen: »Es ist der Wille dessen, der mich gesandt hat, daß ich keinen von denen, die er mir gegeben hat, zugrunde gehen lasse« (Joh 6,39). Und am Ende seines Lebens betet er: »Solange ich bei ihnen war, bewahrte ich sie in deinem Namen, den du mir gegeben hast. Und ich habe sie behütet, und keiner von ihnen ging verloren, außer dem Sohn des Verderbens, damit sich die Schrift erfüllt« (Joh 17,12).

Ein schlechter Hirt hingegen ist eine Schande und ein Ärgernis. Viele Abschnitte des Alten Testamentes verurteilen einen pflichtvergessenen Hirten leidenschaftlich:

> Gegen die Hirten ist mein Zorn entbrannt, die Leithammel ziehe ich zur Rechenschaft (Sach 10,3).

> Darum, ihr Hirten, hört das Wort des Herrn: So wahr ich lebe – Spruch Gottes des Herrn: Weil meine Schafe geraubt wurden und weil meine Schafe eine Beute der wilden Tiere wurden – denn sie hatten keinen Hirten – und weil meine Hirten nicht nach meiner Herde fragten, sondern nur sich selbst und nicht meine Herden weideten, darum, ihr Hirten, hört das Wort des Herrn: So spricht Gott, der Herr:

Nun gehe ich gegen die Hirten vor und fordere meine Schafe von ihnen zurück. Ich setze sie ab, sie sollen nicht mehr die Hirten meiner Herde sein. Die Hirten sollen nicht länger nur sich selbst weiden: Ich reiße meine Schafe aus ihrem Rachen, sie sollen nicht länger ihr Fraß sein (Ez 34, 7–10).

Weh den Hirten, die die Schafe meiner Weide zugrunde richten und zerstreuen – Spruch des Herrn. Darum – so spricht der Herr, der Gott Israels, über die Hirten, die mein Volk weiden: Ihr habt meine Schafe zerstreut und versprengt und habt euch nicht um sie gekümmert. Jetzt ziehe ich euch zur Rechenschaft wegen eurer bösen Taten – Spruch des Herrn (Jer 23, 1–2).

Die scharfen Worte über die schlechten Hirten sind in der Negation eine Hochschätzung der guten Hirten.

*

Man kann von vornherein erwarten, daß bei einem Volk mit einer solchen Hirtentradition das Bild des Hirten als Bild für dessen Gott gebraucht wird. Zahlreich sind die Beispiele, die Jahwe als Hirt beschreiben. »Der Herr ist mein Hirte, nichts wird mir fehlen« (Ps 23, 1, der Psalm, der Immanuel Kant nach dessen eigenen Worten mehr Trost geschenkt hat als alle Bücher, die er jemals gelesen hatte). »Du Hirte Israels, höre, der du Josef weidest wie eine Herde!« (Ps 80, 2). »Denn er ist unser Gott, wir sind das Volk seiner Weide, die Herde von seiner Hand geführt« (Ps 95, 7). »Seht, Gott der Herr kommt mit Macht ... Wie ein Hirt führt er seine Herde zur Weide; er sammelt sie mit starker Hand. Die Lämmer trägt er auf dem Arm, die Mutterschafe führt er behutsam« (Jes 40, 10–11).
Wenn das auserwählte Volk das Bild des Hirten für seinen Gott gebraucht, stellt es sich Jahwe vor mit den charakteristischen Merkmalen, die aus der eigenen Erfahrung stammen. Das unterscheidet seinen Gottesbegriff von dem der benachbarten Völker. Der bedeutendste dieser unverwechselbaren Züge ist die tätige Anwesenheit Jahwes mitten unter ihnen. Diese Auffassung entfaltet sich schließlich zu dem Begriff der Allgegenwart Gottes, der typisch ist für die Religionen jüdischen Ur-

sprungs. Die altorientalischen Naturreligionen kannten einen statischen Gott, der in seinem Tempel wohnte und von da aus seinen Einfluß ausübte. Dort konnte man zu ihm kommen, dort empfing er die ihm dargebrachten Opfer. Verließen die Anbeter den Tempel, blieb ihr Gott zurück. Jahwe ist anders; er geht mit seinem Volk. »Ich schlage meine Wohnstätte in eurer Mitte auf und habe gegen euch keine Abneigung. Ich gehe in eurer Mitte; ich bin euer Gott, und ihr seid mein Volk« (Lev 26,11–12).

Der Name Jahwe, der Mose aus dem brennenden Dornbusch geoffenbart wurde, ist ein geheimnisvoller Name. Er gibt dieses Geheimnis nicht preis. Vielleicht ist gerade das der Grund, warum er überhaupt geoffenbart werden konnte. Regale von Büchern sind geschrieben worden voller Spekulationen über die Bedeutung dieser vier hebräischen Buchstaben. Eines ist sicher: Der Name muß mehr in existentiellem Sinn verstanden werden als in einer seinsphilosophischen Interpretation. Der jüdische Gelehrte Martin Buber schlägt die Sinndeutung vor: »Ich bin, wo du bist«, oder: »Ich bin dabei«. Es drückt eine wirkmächtige Gegenwart aus, die uneingeschränkt, offen, unbegrenzt ist und zugleich ausgesprochen bestätigend; sie schenkt Sicherheit und Geborgenheit. Wenn Buber recht hat, liegt der Name Emanuel auf der gleichen Linie wie der Name Jahwe. Der Schluß des Mattäus-Evangeliums wäre dann eine weitere Ausarbeitung der alttestamentlichen Bedeutung des »Namens«. »Ich bin bei euch alle Tage bis zum Ende der Welt« (28,20).

Der israelitische Gottesbegriff ist dynamisch, ist eine Beziehung, ein Verhältnis. Man begegnet Jahwe, erfährt ihn, wohin immer man geht. Psalm 139 bringt diese Nähe klassisch zum Ausdruck:

> Wohin könnte ich fliehen vor deinem Geist,
> wohin mich vor deinem Angesicht flüchten?
> Steige ich hinauf in den Himmel, so bist du dort;
> bette ich mich in der Unterwelt, bist du zugegen.
> Nehme ich die Flügel des Morgenrots
> und lasse mich nieder am äußersten Meer,

auch dort wird deine Hand mich ergreifen
und deine Rechte mich fassen.
Würde ich sagen: »Finsternis soll mich bedecken,
statt Licht soll Nacht mich umgeben«,
auch die Finsternis wäre für dich nicht finster,
die Nacht würde leuchten wie der Tag,
die Finsternis wäre wie Licht (V. 7.12).

Das ist nicht nur Theorie, es ist vielmehr Glaubenserfahrung. Die Menschen wußten um Gott als einen Hirten. Sie haben seine Zuverlässigkeit in der Vergangenheit erfahren und trauen deshalb der Zukunft. Seine Treue ist wie ein Fels, auf dem sie ihr Leben aufbauen können. Das verleiht ihnen ein Gefühl der Sicherheit. Es gibt einen bezeichnenden Psalm, in dem das Wort »Hirt« zwar nicht erwähnt wird, der jedoch allein in einem Volk geboren werden konnte, das zutiefst vertraut war mit dem Bewußtsein: Gott ist unser Hirt.

Ich hebe meine Augen auf zu den Bergen:
Woher kommt mir Hilfe?
Meine Hilfe kommt vom Herrn,
der Himmel und Erde gemacht hat.
Er läßt deinen Fuß nicht wanken;
er, der dich behütet, schläft nicht.
Nein, der Hüter Israels
schläft und schlummert nicht.
Der Herr ist dein Hüter, der Herr gibt dir Schatten;
er steht dir zur Seite.
Bei Tag wird dir die Sonne nicht schaden
noch der Mond in der Nacht.
Der Herr behüte dich vor allem Bösen,
er behüte dein Leben.
Der Herr behüte dich, wenn du fortgehst und wiederkommst,
von nun an bis in Ewigkeit (Ps 121).

Aus dieser Überzeugung lebte Israel. Seine Religion war keine abstrakte Religion. Sie war vielmehr eine lebendige menschliche Erfahrung der göttlichen Wirklichkeit, einer Wirklichkeit, die so tief und fest war, daß sie sich als Eckstein der Existenz des jüdischen Volkes erwies. Gott bekennen hieß, eine Geschichte erzählen, ihre Bedeutung erläutern und sie weitergeben von Generation zu Generation.

*

Der Hirtenbegriff der Bibel kehrt jetzt zurück auf die irdische Ebene, wo er seinen Ursprung hat. Zuerst wird die Vorstellung eines menschlichen Hirten auf die Ebene des Göttlichen erhoben und damit gleichsam vergöttlicht. Gott wiederum ruft Menschen, um Hirten zu sein in seinem Namen. So schließt sich der Kreis. Zuerst weidet der Messias, der Sohn Davids, die Herde. Später übernehmen andere Jesu Aufgabe und führen seine Sendung weiter.

Im 34. Kapitel des Ezechiel finden wir alle Aspekte des Hirten. »Ich setze für sie einen einzigen Hirten ein, der sie auf die Weide führt, meinen Knecht David. Er wird sie weiden, und er wird ihr Hirt sein« (V. 23). Die folgenden sieben Verse erläutern unter dem Bild des Hirten die Aufgabe des Messias, der die Herde für Jahwe hütet. Bis heute gilt dieser Abschnitt als Maßstab für jeglichen pastoralen Dienst.

Im Neuen Testament, vor allem bei Johannes (10), wendet Jesus das Bild des Guten Hirten auf sich selbst an. Den ersten Christen war dieses Bild teuer. Was das Kruzifix in unserer Zeit ist, das war die Gestalt des Guten Hirten in der frühen Kirche, wie viele Bilder und Skulpturen in den Katakomben bezeugen. Im Vergleich dazu stammt das älteste Kruzifix erst aus dem fünften Jahrhundert.[1] Wir haben uns so sehr an das Bild des gekreuzigten Herrn gewöhnt, daß wir uns gar nicht mehr bewußt sind, wie schockierend ein Kreuz in den ersten christlichen Jahrhunderten gewirkt haben würde. Wir beschränken uns so leicht darauf, das Kruzifix allein vom künstlerischen Standpunkt aus zu betrachten, und begreifen kaum die schreckliche Wirklichkeit, die dahintersteht. Ein holländisches Sprichwort sagt: »Im Haus eines Gehängten spricht man nicht vom Galgen.« Der frühen Kirche war ein ähnliches Feingefühl eigen. Von daher erklärt sich zum Teil, warum es so lange dauerte, bis das Kruzifix in die christliche Kunst Eingang fand und warum die ersten

Christen mit so viel Innigkeit am Bild des Guten Hirten festhielten.

Wenn Jesus sich selbst als den Guten Hirten bezeichnet, offenbart er viel über sich und über seinen Vater. Er läßt von Anfang an keinen Zweifel darüber, daß Gottes Anwesenheit als Hirt nicht allgemein oder unpersönlich ist. Sie ist individuell und sehr persönlich. »Er ruft die Schafe, die ihm gehören, einzeln beim Namen« (V. 3), »er geht ihnen voraus, und die Schafe folgen ihm; denn sie kennen seine Stimme« (V. 4) und auch, »ich kenne die Meinen, und die Meinen kennen mich, wie mich der Vater kennt und ich den Vater kenne« (V. 14–15). Der Vergleich bezieht sich auf einen Brauch in der Zeit Jesu. Mehrere Herden fanden in der Nacht im gleichen Gehege Schutz; wenn der Morgen dämmerte, rief jeder Hirt seine Schafe. Sie erkannten die Stimme ihres Hirten und folgten ihm auf die Weide. Das gegenseitige Erkennen zwischen Schaf und Schäfer ist ein so inniges, daß Jesus es vergleicht mit seinem vertrauten Verhältnis zum Vater. Soweit die Stimme des Guten Hirten reicht, herrscht Shalom: Sicherheit, Schutz und Nahrung.

Die gleiche sehr persönliche Sorge scheint auch auf in der Parabel vom verlorenen Schaf. Der Hirt läßt die 99 in der Steppe und geht dem verlorenen nach, bis er es findet (Lk 15,3–7). In Mk 6,34 hat Jesus Mitleid mit der Menge, denn sie waren wie Schafe ohne Hirten; er gibt den Menschen Nahrung im Überfluß. Doch er tut noch mehr. In der Hingabe seiner selbst bezahlt Jesus den Preis des echten Hirten. Er gibt sein Leben für seine Schafe: Er lebt für sie, er stirbt für sie, ja, er nährt sie mit seinem eigenen Fleisch. So erfüllt sich Psalm 23 in treffender Weise: »Du deckst mir den Tisch ..., du füllst mir reichlich den Becher« (V. 5). In geheimnisvollem Paradox wird der Hirt zum Lamm werden. In dieser Umkehr des Bildes klingt die Prophetie durch, daß es zum Schlachten geführt wird und seinen Mund nicht öffnet. »Das Lamm in der Mitte vor dem Thron wird sie weiden und zu den Quellen führen, aus denen das Wasser des Lebens strömt, und Gott wird alle Tränen von ihren Augen abwischen« (Offb 7,17).

Nicht allein der Messias wird die Herde in Jahwes Namen weiden, andere treten in seine Sendung ein. »Ich gebe euch Hirten nach meinem Herzen; mit Einsicht und Klugheit werden sie euch weiden« (Jer 3, 15). Gott braucht uns, Männer und Frauen, die sich um sein Volk sorgen. In unserer Person müssen wir das Leben und die Liebe, die Sorge und das Interesse Jesu fortleben. Wir sind seine Diener, die in seinem Namen und auf seine Weise handeln. Wir sind von Gott selbst beauftragt. Unsere Sendung ist ausgerichtet auf die Menschen und ihre Nöte; ihre Wurzeln gehen tief, sie sind göttlichen Ursprungs. Jeder kann in seiner eigenen Situation sich die Worte des Petrus zu Herzen nehmen:

> Sorgt als Hirten für die euch anvertraute Herde Gottes, nicht aus Zwang, sondern freiwillig, wie Gott es will; auch nicht aus Gewinnsucht, sondern aus Neigung; seid nicht Beherrscher eurer Gemeinden, sondern Vorbilder für die Herde! Wenn dann der oberste Hirt erscheint, werdet ihr den nie verwelkenden Kranz der Herrlichkeit empfangen (1 Petr 5, 2–4).

Sorge und Interesse, beteuert Petrus, sind nicht genug. Der echte Hirt achtet den, dem er dient. Ehrfurcht ist der Kern der Liebe. Wie können wir die Aufgabe des höchsten Hirten fortführen ohne Ehrfurcht?
Das Neue Testament bekräftigt nicht weniger als das Alte, wie unerläßlich ein starkes Verantwortungsbewußtsein ist als Kennzeichen des Hirten. Ein Beispiel dafür finden wir in der Abschiedsrede des Paulus an die Ältesten der Kirche in Milet:

> Gebt acht auf euch und auf die ganze Herde, in der euch der Heilige Geist zu Bischöfen bestellt hat, damit ihr als Hirten für die Kirche Gottes sorgt, die er sich durch das Blut seines eigenen Sohnes erworben hat. Ich weiß: Nach meinem Weggang werden reißende Wölfe bei euch eindringen und die Herde nicht schonen. Und selbst aus eurer Mitte werden Männer auftreten, die mit ihren falschen Reden die Jünger auf ihre Seite ziehen. Seid also wachsam und denkt daran, daß ich drei Jahre lang Tag und Nacht nicht aufgehört habe, unter Tränen jeden einzelnen zu ermahnen (Apg 20, 28–31).

Glaube an Gott heißt: Gottes Hirtensorge annehmen; Wachstum im Glauben bedeutet, durchdrungen sein von seiner Sorge; reifer Glaube besagt, an seiner Sorge für andere teilnehmen.

Allmächtiger Gott,
du bist der Hirt, bei dem alles Geschaffene Geborgenheit findet.
Du wachst über uns mit Sorge und Ehrfurcht.
Du bist uns immer gegenwärtig
in deiner tätigen Liebe.
Du hast uns deinen Sohn geschenkt,
damit deine Sorge für uns sichtbar und fühlbar werde.
So weit ist er gegangen, sein Leben für uns dahinzugeben:
Wie ein Lamm wurde er zum Schlachten geführt.
Wir bitten dich um die Gnade,
uns unter deinem Schutz stets sicher zu wissen
und immer in jenem tiefen Frieden zu leben,
den die Welt weder geben noch nehmen kann.
Wir bitten dich auch,
daß wir jene in Liebe hüten,
die du uns anvertraut hast,
auf daß dein Reich wachse,
heute und alle Tage und in Ewigkeit. Amen.

Drittes Kapitel

Unser Vater im Himmel

Das bevorzugte Bild für Gott ist im Neuen Testament das des Vaters. Jesus selbst spricht fast ausschließlich so über Gott. Deshalb sind wir alle auch mit dieser Vorstellung sehr vertraut. Und doch könnte uns die echt biblische Bedeutung des Bildes entgehen. Das hängt zum Teil mit dem Verfall der Vaterschaft in unserer Gesellschaft zusammen. Vor nahezu 20 Jahren schrieb Alexander Mitscherlich sein berühmtes Buch *Auf dem Weg zur vaterlosen Gesellschaft.*[1] Der Autor beschreibt und deutet darin den Trend der westlichen Welt auf eine Entwertung der Vaterschaft hin. Diese Entwicklung wurde im Laufe der Zeit noch ausgeprägter, so daß Lance Morrow 15 Jahre später schreiben konnte: »Von den 50000 Eltern, die eine Umfrage der Kolumnistin Ann Landers beantworteten, sagte ein erschreckend hoher Prozentsatz (70%), daß sie, falls sie noch einmal die Wahl hätten, auf Kinder verzichten würden, da es nicht der Mühe wert war.«[2]

Diese Deflation der Elternschaft in jüngster Zeit ist einer der Gründe, weshalb es der heutigen Welt so schwerfällt, den biblischen Vaterbegriff zu verstehen. Schon vor unserer heutigen Entwicklung hatte sich eine Kluft zwischen dem Vaterbegriff der Moderne und dem der Bibel entwickelt. Die Menschen von heute sind leicht der Meinung, daß das Wort Vater in unserer Zeit die gleiche Bedeutung habe wie zur Zeit Jesu. In Wirklichkeit hatte der Vater damals einen weitreichenderen und einschneidenderen Einfluß, als es heute der Fall ist. In unserer Welt wächst der junge Mensch in einer komplizierten und spezialisierten Gesellschaft auf mit einer Vielfalt von Einflüssen, die von außerhalb der Familie kommen. Zur Zeit Jesu war ein Kind fast ausschließlich auf Vater und Mutter angewiesen. Zwangsläufig entwickelte sich zwischen Vater und Kind ein inniges Verhältnis, eine starke und alles umfassende Bindung, wie wir sie uns heute kaum noch vorstellen können.

Auf diesem historisch-soziologischen Hintergrund treten zwei wesentliche Aspekte der biblischen Bedeutung des Wortes Vater hervor. Zunächst meint der Begriff Herr und Gebieter: Macht und Autorität; zweitens Sorge, Interesse, Zuverlässigkeit. Wann immer der Begriff Vater gebraucht wird, verflechten sich diese beiden Bedeutungsstränge, wenn sich auch der Akzent verschieben mag.

Im Alten Testament finden sich wenige Texte, die Gott Vater nennen. Die frühen Stellen zeigen Gott als Vater des Volkes in seiner Gesamtheit; erst in jüngeren Büchern des Alten Testamentes wird Gott als Vater eines einzelnen erwähnt.

Einige Beispiele des früheren Zuganges, die den Aspekt der Autorität unterstreichen, sind:

– gewisse Verse des Liedes, in dem Mose die Geschichte Jahwes mit seinem Volk zusammenfaßt:

> Ist das euer Dank an den Herrn,
> du dummes, verblendetes Volk?
> Ist er nicht dein Vater, dein Schöpfer?
> Hat er dich nicht geformt und hingestellt? ...
> An den Fels, der dich gezeugt hat,
> dachtest du nicht mehr,
> du vergaßest den Gott, der dich geboren hat.
> Da sah der Herr, daß er geschmäht wurde
> von seinen Söhnen und Töchtern,
> die seinen Zorn erregten (Dtn 32,6. 18–19);

– einige Zeilen aus dem großen Psalm, in dem ein Schüler des Propheten Jesaja gegen Ende der Babylonischen Gefangenschaft Gottes Güte besingt: »Und doch bist du, Herr, unser Vater. Wir sind der Ton, und du bist unser Töpfer, wir alle sind das Werk deiner Hände« (Jes 64,7).

In den ältesten Texten wird bisweilen auch der Nachdruck auf die Barmherzigkeit und Sorge Jahwes für sein Volk gelegt:

– Im gleichen Abschnitt des Buches Jesaja lesen wir:

> Blick vom Himmel herab, und sieh her
> von deiner heiligen, herrlichen Wohnung!
> Wo ist dein leidenschaftlicher Eifer
> und deine Macht,
> dein großes Mitleid und dein Erbarmen?

Halte dich nicht von uns fern!
Du bist doch unser Vater;
denn Abraham weiß nichts von uns,
Israel will uns nicht kennen.
Du, Herr, bist unser Vater,
»Unser Erlöser von jeher« wirst du genannt (Jes 63,15–16).

– Ein Abschnitt von besonderer Zartheit findet sich im Kapitel 11 des Propheten Hosea:

Als Israel jung war, gewann ich ihn lieb,
ich rief meinen Sohn aus Ägypten. ...
Ich war es, der Efraim gehen lehrte,
ich nahm ihn auf meine Arme. ...
Mit menschlichen Fesseln zog ich sie an mich,
mit den Ketten der Liebe.
Ich war für sie wie die Eltern,
die den Säugling an ihre Wangen heben. ...
Mein Herz wendet sich gegen mich,
mein Mitleid lodert auf.
Ich will meinen glühenden Zorn nicht vollstrecken
und Efraim nicht noch einmal vernichten.
Denn ich bin Gott, nicht ein Mensch,
der Heilige in deiner Mitte (V. 1–9 passim).

Zum erstenmal finden wir Gott als Vater des einzelnen im Versprechen des Herrn an David:
»Ich will für ihn (den Davidsohn) Vater sein, und er wird für mich Sohn sein« (2 Sam 7,14).
»Er wird zu mir rufen: Mein Vater bist du, mein Gott, der Fels meines Heiles. ... Auf ewig werde ich ihm meine Huld bewahren, mein Bund mit ihm bleibt allzeit bestehen« (Ps 89,27–29).
In der letzten Periode des Alten Testamentes wird Gott auch vom einzelnen als Vater angesprochen:
»Herr, Vater und Gebieter meines Lebens, bring mich durch sie nicht zu Fall!« (Sir 23,1).
»Herr, Vater und Gott meines Lebens, überlaß mich nicht ihrem Plan« (Sir 23,4).
»Ich rief: Herr, mein Vater bist du, mein Gott, mein rettender

Held! Verlaß mich nicht am Tag der Not, am Tag der Vernichtung und Verwüstung!« (Sir 51,10).

*

Die Beispiele, in denen Gott Vater genannt wird, sind im Alten Testament selten, um so häufiger dagegen im Neuen Testament. Jesus bezieht sich beständig auf Gott als seinen Vater. Allein im sechsten Kapitel des Mattäus-Evangeliums spricht Jesus von Gott zwölfmal als von seinem Vater; in den vier Evangelien zusammen haben wir das Wort 177mal. Im Lukas-Evangelium ist es das erste und das letzte Wort, das uns von Jesus überliefert wird. Er ist zwölf Jahre alt, wenn wir ihn sagen hören: »Wußtet ihr nicht, daß ich in dem sein muß, was meinem Vater gehört?« (Lk 2,49). Kurz vor seinem Sterben sprach er sein letztes Wort: »Vater, in deine Hände lege ich meinen Geist« (23,46). Dazwischen berichten die Evangelien zahlreiche andere Ereignisse, bei denen Jesus sich an seinen Vater wendet.

Obwohl in einzigartiger Weise Sohn, bewahrt Jesus dieses Privileg nicht für sich selbst. Wenn er uns lehrt, so wie er zum Vater zu sprechen, gibt er uns Anteil an seiner Vertrautheit mit dem Vater. Das gehört in besonderer Weise zum Herzstück seiner Sendung. In seiner Abschiedsrede sagte er: »Niemand kommt zum Vater außer durch mich« (Joh 14,6). Gewiß kommen viele zu Gott, ohne Jesus zu kennen. Man braucht nur an die großen Weltreligionen wie den Hinduismus und Buddhismus zu denken. Wie hochherzig und aufrichtig sind oft ihre Anstrengungen, Gott zu finden. Wie tief, ja mystisch ihre Erfahrungen! Und doch gelangen sie trotz ihrer unauslotbaren geistlichen Tiefe selten oder nie zu Gott als Vater. Daß wir zu Gott im Vater-Kind-Verhältnis stehen dürfen, ist einer der größten Schätze, die Jesus uns gebracht hat.

Im Leben des Sohnes Jesus finden wir beide Aspekte der biblischen Bedeutung des Wortes »Vater« wieder. Auch für Jesus ist der Vater Herr und Gebieter: »Ich preise dich, Vater, Herr des Himmels und der Erde« (Mt 11,25). Gott ist der Herr, ihm gehorcht Jesus: »Meine Speise ist es, den Willen dessen zu tun, der mich gesandt hat« (Joh 4,34), und: »Ich tue immer das, was ihm gefällt« (Joh 8,29). Doch auch der andere Aspekt kommt in einem außergewöhnlichen Maß an Vertrauen und Innigkeit zum Tragen. So wendet sich Jesus an den Vater mit dem zärtlichen, vertrauensvollen Wort »Abba«. Den ganzen Reichtum, den dieses kurze Wort beinhaltet, werden wir nie ausloten können. Doch ahnen wir ein wenig die Nähe Jesu zu seinem Vater. Wir berühren hier den innersten Kern seiner Persönlichkeit. Dieses Abba-Verhältnis machte ihn zu der Person, die er war. Es befreite ihn von jedem Kreisen um sich selbst und befähigte ihn, zu allen mit großer Leichtigkeit, Offenheit, Sympathie und einer befreienden Liebe Kontakt zu gewinnen.[3]

Auch wir sind nicht nur eingeladen, sondern berufen, in diese warme befreiende Beziehung mit dem Vater zu treten. Paulus spricht sehr klar darüber: »Alle, die sich vom Geist Gottes leiten lassen, sind Söhne Gottes. Denn ihr habt nicht einen Geist empfangen, der euch zu Sklaven macht, so daß ihr euch immer noch fürchten müßtet, sondern ihr habt den Geist empfangen, der euch zu Söhnen macht, den Geist, in dem wir rufen: Abba, Vater!« (Röm 8,14–15). Furcht vor der Vergangenheit wie vor der Zukunft vermag viel Unheil zu stiften. Auf der einen Seite kann sie uns in die Defensive treiben, uns jedem Fortschritt verschließen; auf der anderen uns zur Flucht nach vorn verführen aus Angst, nicht »in« zu sein. Angst kann auch Lieblosigkeit anderen und Pharisäertum Gott gegenüber verursachen. Sie kann das Schönste und Beste in uns ersticken. Alles, was wir unter ihrem Antrieb tun, trägt nicht die Früchte des Geistes. Das tiefverwurzelte Bewußtsein, daß Gott unser Abba ist, vertreibt die Angst. Eine neue Freiheit blüht auf, jene Freiheit, die Jesus so anziehend und echt machte. Wir haben das Vorrecht, an der Vertrautheit Jesu mit seinem Vater teilzuhaben. Der Sohn möchte in uns durch unser Leben seinen Vater verherrlichen. Er möchte, daß etwas von des Vaters Ausstrahlung und Lebensfülle hervorbricht. Der Vater hinwiederum möchte seinen Sohn in uns verherrlichen, so daß der Geist Jesu weiterlebe. Wir werden zu einer neuen Menschwerdung, in der der Sohn wieder Menschengestalt annimmt.

Johannes spricht nicht weniger begeistert über unser Abba-Verhältnis als Paulus. »Seht, wie groß die Liebe ist, die der Vater uns geschenkt hat: Wir heißen Kinder Gottes, und wir sind es« (1 Joh 3,1). Das ist die eigentliche Wirkung der Inkarnation und der Höhepunkt des Prologs seines Evangeliums: »Allen aber, die ihn aufnahmen, gab er Macht, Kinder Gottes zu werden« (Joh 1,12).

Gottes Vaterschaft beinhaltet auch, daß der Mensch seinem Willen gehorsam ist. Für Jesus war der Wille des Vaters die Speise, von der er lebte. Er fordert das gleiche von allen, die ihm nachfolgen. Es ist der Prüfstein für die Echtheit unseres Glaubens an den Vater. »Nicht jeder, der zu mir sagt: Herr, Herr! wird in das Himmelreich kommen, sondern nur, wer den Willen meines Vaters im Himmel erfüllt« (Mt 7,21). »Wer den Willen meines Vaters im Himmel erfüllt, der ist für mich Bruder und Schwester und Mutter« (Mt 12,50).

Daß Gott Vater ist, ist die Frohe Botschaft, die Jesus uns tief einprägen möchte. Wer das wirklich glauben kann, nicht nur mit dem Kopf, sondern auch mit dem Herzen, der wird ein anderer Mensch.

*

Vaterschaft verbindet sich für uns mit den Begriffen: Initiative, Liebe, Sorge, Raum-Geben, Wurzel, Vergebung, Universalität.

Ein Vater ergreift *Initiative.* Jeder Vater ist schöpferisch: Er zeugt Leben. Er liebt das Kind schon vor seiner Geburt. So kann Augustinus sagen: »Du hast mich geschaffen, weil du mich geliebt hast.« Der himmlische Vater beginnt sein Kind nicht zu lieben, nachdem er es geschaffen hat oder während er es erschafft, nein, seine Liebe ist gerade der Grund, daß es überhaupt geschaffen wird; sie ist der Ursprung. Hier rühren wir an die befreiende Wahrheit der »Ursprungs-Liebe«, die den heiligen Bernhard nachhaltig inspirierte und von der Johannes in seinem ersten Brief sagt: »Nicht darin besteht die Liebe, daß wir Gott geliebt haben, sondern daß er uns geliebt hat« (1 Joh 4,10). Ein Vater gibt unverdient. Seine Liebe ist nicht berechnend. Bei der Zeugung geht er ein Wagnis ein. Keiner kann garantieren, daß das Kind körperlich, geistig und moralisch gesund sein wird. Ein Vater kann sein Kind – und das ist das einzige, was er tun kann – in das Gutsein nur hineinlieben. So ist unser himmlischer Vater.

Vaterschaft schließt *Liebe* ein: Zartheit und Wärme, Güte, Verläßlichkeit und und sich nie erschöpfendes Wohlwollen. »Wie ein Vater sich seiner Kinder erbarmt, so erbarmt sich der Herr über alle, die ihn fürchten« (Ps 103,13). »Mit menschlichen Fesseln zog ich sie an mich, mit den Ketten der Liebe« (Hos 11,4). Wenn auch kein Zweifel besteht, daß ein Kind vom Vater abhängt, so gilt doch auch das Gegenteil. Im positiven wie im negativen Sinn hängt das Glück der Eltern zu einem großen Teil davon ab, wie das Kind sich entwickelt; denn mit tausend Banden sind sie an das Kind gebunden. Liebe macht uns verwundbar; echte Vaterschaft heißt wachsen in Selbstlosigkeit. Vielleicht haben wir zu sehr vergessen, daß diese Wahrheit auch von Gott gilt, und Gott folglich zu einer Art Karikatur eines Vaters gemacht. Haben wir Christen uns nicht zu sehr beeinflussen lassen von der Philosophie des Aristoteles, der Gott »den unbewegten Beweger« nannte und ihn deshalb als absolut fern und unberührt dargestellt hat? Ist nicht etwas Wahres an der beißenden Bemerkung des französischen Enzyklopädisten Diderot: »Kein guter Vater möchte sein wie unser himmlischer Vater.«?

Aus der Liebe eines Vaters fließt seine *Sorge.* Es drängt Petrus, diesen Ratschlag zu erteilen: »Werft alle Sorge auf ihn, denn er kümmert sich um euch« (1 Petr 5,7; Ps 55,23). Dieses Wissen befreit uns von unnötiger Unruhe. Jesus betont das noch mehr: »Wenn nun schon ihr, die ihr böse seid, euren Kindern gebt, was gut ist, wieviel mehr wird euer Vater im Himmel denen Gutes geben, die ihn bitten« (Mt 7,11). »Verkauft man nicht zwei Spatzen für ein paar Pfennige? Und doch fällt keiner von ihnen zur Erde ohne den Willen eures Vaters. Bei euch aber sind sogar die Haare auf dem Kopf alle gezählt. Fürchtet euch also nicht! Ihr seid mehr wert als viele Spatzen« (Mt 10,29–31).

Ein Vater gibt seinem Kind *Raum,* es selbst zu werden. Wenn er ihm so die Sicherheit und den Platz gewährt, worin sich eigenständiges Leben entwickeln kann, bestätigt er die Individualität des Kindes. Er gibt dem Kind einen Namen und damit die Möglichkeit, angesprochen zu werden und als Person zu antworten. Daraus erwächst dann eigene Verantwortlichkeit und Identität. Gleichermaßen hat uns der himmlische Vater beim

Namen genannt. Jesus fügt hinzu: »Mein Vater wird dadurch verherrlicht, daß ihr reiche Frucht bringt und meine Jünger werdet« (Joh 15,8).

Meinem Vater verdanke ich meine *Wurzeln.* Tausende von Generationen Vorfahren haben gelebt und sind gestorben, doch wenn mein Vater stirbt, bin ich eine Waise. Durch meinen Vater bin ich in seinen Vorfahren verwurzelt. Heute haben wir diese Wurzeln mehr als je zuvor nötig. Wir sagen häufig, daß unsere Welt durch das Fernsehen eine Einzimmerwohnung geworden ist. Jedoch, auch das Gegenteil ist wahr: Unser Wohnzimmer wird so groß, daß wir eigentlich niemals und nirgends mehr zu Hause sind. Die Bibel gesteht der menschlichen Geschichte vor Christus im ganzen traute 4000 Jahre zu. Aber für uns sind sie zu Millionen von Jahren geworden, in denen unsere Lebensspanne verloren ist gleich einem mikroskopischen Teilchen. Ein entwurzelter Mensch ist deprimiert und ängstlich. Wenn wir Gott Vater nennen, denken wir zunächst an seine Güte und Sorge; doch noch weit mehr gehört dazu, nämlich: Geborgenheit, Urvertrauen und Verwurzelung. »In der Liebe verwurzelt und auf sie gegründet ...« (Eph 3,17). Freud sah den Glauben an Gott als eine unreife Verlängerung der Vaterbindung. Doch, könnte es nicht andersherum sein? Könnte unser Verhältnis zu unserem Vater nicht verwurzelt sein in einer früheren und tieferen Beziehung zu Gott dem Vater? »Darum beuge ich meine Knie vor dem Vater, nach dessen Namen jedes Geschlecht im Himmel und auf Erden benannt wird« (Eph 3,14–15). Um die Bilder etwas zu verlagern: Unsere Beziehung zu Gott als unserem Vater ist der Anker auf dem tiefsten Grund unseres Seins.

In der biblischen Botschaft schenkt der Vater *Vergebung.* Der schönste Versuch Jesu, seinen Vater darzustellen, ist die Parabel vom verlorenen Sohn. Die Liebe des Vaters zum Sohn ist so uneigennützig und rein, daß auch nicht ein Schein von verletztem Stolz oder egoistischer Bitterkeit in seinem Herzen ist. Darum vermag er seinen davongelaufenen Sohn ohne Vorwurf zu umarmen, durch seine Herzlichkeit die Traumata zu heilen und ihn so zum Leben zurückzubringen. »Mein Sohn war tot und lebt wieder« (Lk 15,24). Der Vater, der das Leben geschenkt hat, kann es auch wiederherstellen. Daß der Vater das Leben wiedergeben kann, folgt existentiell aus der Botschaft Christi. Vaterschaft bedeutet nicht nur den einmaligen Beginn, sondern auch einen immer möglichen Neubeginn.

Universalität ist ein weiteres Wesensmerkmal der göttlichen Vaterschaft. »Er läßt seine Sonne aufgehen über Bösen und Guten, und er läßt regnen über Gerechte und Ungerechte« (Mt 5,45). Er ist unser aller Vater, und er möchte, daß wir wie Brüder und Schwestern einer Familie leben. Ja, wir sind Brüder und Schwestern, doch nicht im aufklärerischen Sinn von Schiller-Beethovens *Alle Menschen werden Brüder*, und auch nicht in der Abstraktion einer menschlichen Ideologie. Unsere Verwandtschaft ist auch nicht aus dem Blut oder dem Willen des Fleisches; es ist vielmehr eine göttliche Wirklichkeit. Verglichen mit dem Alten Testament schafft das Neue eine größere Intimität zu Gott und diese wiederum eine größere Universalität und eine stärkere Einheit zwischen allen Menschen. Wo der Glaube an die göttliche Vaterschaft lebendig ist, verstärkt sich die Einheit unter dem Volk Gottes. Liebe und Einheit sind *die* Zeichen, die unseren Glauben glaubwürdig und wirklich machen.

Am Schluß dieses Kapitels scheint es wichtig zu sein, zu einem wichtigen und delikaten Punkt Stellung zu nehmen. Wir haben die biblische, die wörtliche und die übertragene Bedeutung des Wortes Vater in Betracht gezogen. Wie kann man das aber einem Menschen nahebringen, dessen Vatererfahrungen in der Kindheit negativ waren? Man kann tatsächlich feststellen, daß einige unruhig werden, wenn in einem Kreis über Gott als Vater gesprochen wird. Der Grund ist leicht einzusehen. Der beste Ratschlag in einer solchen Situation wurde, wie mir scheint, von Viktor E. Frankl gegeben. Er sagt:

> Eine pandeterministische Bewertung der Religion behauptet, daß das religiöse Leben eines Menschen insofern bedingt ist, als es von seinen frühen Kindheitserfahrungen abhängt und der Gottesbegriff von seiner Vaterimago. Dementgegen ist zur Genüge bekannt, daß der Sohn eines Trinkers nicht selbst ein Trinker werden muß, und glei-

chermaßen kann ein Mensch dem schädlichen Einfluß einer verzerrten Vaterimago zum Trotz ein gesundes Verhältnis zu Gott finden. Auch das negativste Vaterbild braucht kein Hindernis zu sein, ein gutes Verhältnis zu Gott aufzubauen; vielmehr ist es so, daß ein tief religiöses Leben einen Menschen mit jenen Voraussetzungen ausstattet, die ihn befähigen, den Haß gegen seinen Vater zu überwinden. Umgekehrt braucht ein wenig ausgeprägtes religiöses Leben nicht in jedem Fall auf Entwicklungsfaktoren zurückzuführen sein.

Er erhärtet diese Bemerkung von einer breiten Erfahrung her:

Eine statistische Untersuchung, die von meinen Mitarbeitern an der Wiener Poliklinik geführt wurde, zeigte, daß ungefähr ein Drittel der Patienten, die eine mit positiven Zügen ausgestattete Vaterimago besaßen, in ihrem späteren Leben der Religion den Rücken kehrten, während es den meisten der getesteten Personen mit einem negativen Vaterbild trotzdem gelungen war, dem Religiösen gegenüber eine positive Haltung einzunehmen.[4]

Gott aller Geschlechter,
Jesus von Nazaret hat uns
deinen Namen »Vater« mitgeteilt.
Er hat uns gezeigt, daß er sein ganzes Sein dir verdankt,
und daß das Einssein mit dir
das Geheimnis seines Lebens war.
Durch ihn wurdest du uns erreichbar und faszinierend.
Jetzt wissen wir,
daß du nicht nur der Urgrund unseres Seins bist,
sondern ein sorgender, liebender Vater,
dem wir uns ganz anvertrauen können.
Wir bitten dich,
laß uns von ihm stets in Ehrfurcht deinen Namen empfangen,
ihn lebendig erhalten unter uns
und den andern in Treue weitergeben,
heute und alle Tage und in Ewigkeit. Amen.

Viertes Kapitel

In Ihm ist das Leben

Der Prior von Taizé, Roger Schutz, hat ein Tagebuch veröffentlicht unter dem Titel *Fest ohne Ende.* Ein solcher Titel läßt einen durch und durch glücklichen Menschen vermuten. Als Roger Schutz gefragt wurde: »Bruder Roger, was macht denn Ihr Leben zu einem Fest?«, gab er zur Antwort: »Vor allen Dingen die Bejahung meiner selbst, so wie ich bin.« Sich selbst bejahen, so wie man ist, das ist also der Beginn des Festes ohne Ende. Das jedoch ist schwierig, und es ist selten.

Wenige Menschen lieben sich selbst

Vielen Menschen erscheint der Gedanke, sich selbst zu lieben, als eine Versuchung – beinahe als ein Sakrileg. Der Unterschied zwischen der negativen Eigenliebe und der guten, gottgewollten Liebe – seiner – selbst ist ihnen noch nicht aufgegangen. Nicht wenige unter den in der christlichen Lehre Wohlbewanderten meinen, es gehöre zu unserem Glaubensgut, die Menschheit aufgrund der Erbsünde als grundsätzlich böse anzunehmen. Manchmal denkt man nicht nur so, sondern lebt auch danach. Das Leben ist dann geprägt von dieser falschen Auffassung. Das grundlegende Problem in geistlicher Beratung und Leitung ist oft ein negatives Selbstverständnis, geringes Selbstvertrauen, Unfähigkeit, sich selbst positiv einzuschätzen und ein Mangel an Selbstbejahung. All das trägt dazu bei, einen Menschen unglücklich zu machen. Viele gewissenhafte Christen tun sich schwer, das Gute in sich anzuerkennen. Fragt man sie darüber, geben sie ein wenig entgeistert zu, daß sie selten darüber nachgedacht haben. Das heißt dann aber auch, daß sie Gott niemals so recht dafür gedankt haben. Maria gibt uns in ihrem »Magnifikat« ein anderes Beispiel. Sie verkleinert das, was ihr geschenkt worden ist, nicht, sondern nennt es groß. Auch Psalm 103 lehrt uns, keine der Wohltaten Gottes zu vergessen. Es würde uns guttun, gelegentlich, anstatt nach unse-

ren Fehlern zu suchen, unsere Talente aufzuspüren – und die uns geschenkten Wohltaten zu zählen!
Vielleicht sind in unserer Ausbildung unsere negativen Eigenschaften zu sehr betont worden. Ohne Zweifel geschah das mit der besten Absicht: entweder wollte man jemanden auf seine Fehler stoßen, damit er sie überwinde, oder man hatte den Wunsch, ihn vor Selbstgefälligkeit und Stolz zu bewahren. Doch zu weit getrieben, wirkt es hemmend. Oft ist das Ergebnis eine defensive Haltung, ein sich anbahnender Minderwertigkeitskomplex, eine Flucht in Versteckspiel und Verstellung, ständiger Vergleich mit anderen, eine ungesunde Konkurrenzmentalität und eine verstärkte Tendenz zur Eifersucht.

Viele Menschen fühlen sich durch ihresgleichen bedroht

Einen anderen Menschen als Konkurrenten oder als Bedrohung zu erfahren, ist eine ganz allgemeine Erscheinung. Wenn der Glaube an mein Ich schwach ist, möchte ich mich behaupten. Ich muß anderen und mir selbst beweisen, daß ich trotz allem etwas wert bin. Oft genug mache ich so jeden anderen zum Rivalen. Mitunter ergibt sich eine tragische Situation: ein anderer wird gelobt – ich mit meiner niedrigen Selbsteinschätzung fühle mich angegriffen. Ich bringe Konkurrenz ins Spiel, da, wo es überhaupt nicht um Gewinnen oder Verlieren geht.
Ein weiteres Beispiel: Ein junger Mensch, der einmal Zurücksetzung erfahren hat, verallgemeinert diese bestimmte Erfahrung. Er redet sich zunächst selbst ein, niemand gäbe etwas um ihn und dann, er sei es gar nicht wert, daß jemand sich um ihn kümmert. Die Zeichen der Zuneigung, die sicherlich da sind, läßt er in seiner negativen Einstellung erst gar nicht an sich herankommen. Wenn andere ihm dann wirklich weniger Beachtung zu schenken beginnen, hat sich seine Voraussage bestätigt.
Wenn ich jemanden nicht leiden kann, so heißt das gewöhnlich nicht, daß ich mich selbst zuviel liebe, sondern daß ich mich zuwenig liebe. Ich kann den anderen nicht leiden, weil ich mich selbst eigentlich nicht leiden kann. Wenn ich mich nicht selbst liebe, dann ich kaum erwarten, daß andere mich lieben, ja, ich

kann mich sogar für einen Menschen halten, der von keinem geliebt wird, ja überhaupt nicht geliebt werden kann. Ich werde dann mißtrauisch, defensiv und sogar aggressiv. Ich kann es mir nicht leisten, meinen Unzulänglichkeiten ins Auge zu schauen, geschweige denn, sie zuzugeben. Das Negative in mir, mein Schatten, wie Jung sagen würde, wird verdrängt, weil ich das Gute in mir nicht genügend anerkenne. Nach beiden Seiten, der negativen wie der positiven, ist mein Selbstverständnis nicht realistisch genug. Diese gespannte, nervöse Abwehrhaltung läßt natürlich kaum ein gesundes Wachsen und Entfalten zu.

Viele Menschen sind einsam

Wir alle haben von der schrecklichen Einsamkeit vieler älterer Menschen gehört; einige sterben sogar so einsam, daß man sie erst Tage später findet. Die jüngere Generation ringt nicht weniger, ja vielleicht noch mehr, mit dem quälenden Gefühl der Einsamkeit. Auch in der mittleren Lebensphase leiden viele unter Isolierung. Einsamkeit wird zu einer Krankheit, die unermeßliches Leid verursacht.
Die Angst vor der Einsamkeit ist oft furchtbarer als die Einsamkeit selbst. Vielen von uns fehlt es an »wirklichem Da-Sein« des anderen. Der Mensch, der mich bejaht, wie ich bin, und in dieser Bejahung treu und verläßlich zu mir steht, er ist wirklich da. Doch für viele Menschen gibt es offenbar ein solches Da-Sein nicht. Ein verzweifelter und fast zwanghafter Drang, dieses »wirkliche Da-Sein« auf seine Echtheit hin zu prüfen, erstickt oft das wenige, das davon vorhanden ist. Einige ersehnen ein tiefes persönliches Verhältnis mit einem solchen Ungestüm, daß sie es bereits im Keim ersticken. Möglicherweise stellen wir dann an jene, die wir Freunde nennen, unerfüllbare Ansprüche. Damit wird, wenn diese »Freunde« unsere unrealistischen Erwartungen nicht erfüllen können, Bitterkeit und Feindseligkeit der Weg bereitet. All das ist Ursache tiefen Leids bis zur Verzweiflung; dadurch wird alles, sogar das Leben selbst, sinnlos. Unter äußerer Affektiertheit verbergen sich oft Gefühle der Verlassenheit und Wertlosigkeit.

Viele Menschen leben mit sich selbst nicht in Frieden

Wenn wir mit uns selbst nicht in Frieden leben, werden wir es auch mit keinem anderen können. Es kann sein, daß wir uns in einen Aktivismus zu flüchten versuchen. Doch damit weichen wir dem Problem aus und machen es unlösbar. Als ich klein war, schaute ich mit Bewunderung zu den Motorradfahrern auf, die auf dem Jahrmarkt meines Heimatstädtchens die steile Wand befuhren. Der Trick lag in der Geschwindigkeit. Solange sie schnell genug fuhren, ging alles gut, verminderten sie die Geschwindigkeit, fielen sie in der Mitte des Zeltes auf den Boden herunter. Später erkannte ich, daß manche von uns so leben. Wieder ist der Trick Geschwindigkeit. Gehen wir zu langsam, fallen wir in das große Loch in der Mitte unseres Lebens. Wir sind wie ein Holzspan, der sich um seine eigene Leere geringelt hat. Wir setzen so viel Geschäftigkeit in Szene und überzeugen uns selbst so tiefgehend von ihrer unbedingten Notwendigkeit, daß keine Zeit bleibt, uns selber mit unserer fundamentalen Einsamkeit und Leere zu konfrontieren. Wir laufen zwar, doch laufen wir uns selbst davon.

Kaufsucht und Konsumismus können auch einen Versuch darstellen, vor sich selbst zu fliehen oder die Leere der Einsamkeit zu füllen. Wir versuchen, die Frustration eines unerfüllten Traumes vorübergehend zu heilen, wenn wir materielle Besitztümer horten. Doch diese Anschaffungen sind wie Salzwasser – je mehr wir davon trinken, um so quälender wird unser Durst. Wenn wir uns selbst so sehr verhätscheln, könnten wir den Eindruck erwecken, als liebten wir uns wirklich. Doch wir alle wissen, daß wenn Eltern ihre Kinder verwöhnen, sie damit eigentlich einen Mangel an Liebe verdecken.

Wo zu wenig Liebe herrscht, werden die Dinge ungemein wichtig – bis hin zur Süchtigkeit. Speise und Trank, Neigungen und Abneigungen, Vergnügen, Besitz, Arbeit, Ansehen, Einfluß, Anerkennung, Macht und eine Menge anderer Ersatzmittel können ein Leben beherrschen. In dem Maße, wie die Liebe abnimmt, nimmt das Bedürfnis nach allem, was nicht Liebe ist, zu.

Das tiefe Verlangen nach dem Sinn des Lebens, die Ahnung, wo er zu finden ist, und das Bewußtsein seiner Zerbrechlichkeit wurden von Jean-Paul Sartre in knappen Worten ausgedrückt: »Zu glauben, daß das Leben lebenswert ist, ist der Gipfelpunkt des Liebesglückes, wenn es das überhaupt gibt.«

*

André Gide machte die Beobachtung, daß Menschen äußerst geschickt sind, ihr Glücklichsein zu vereiteln – Glücklichsein in seinem umfassenden, tieferfüllenden Sinn verstanden. Tatsächlich ist dieses Glücklichsein ein äußerst vernachlässigter Auftrag. Der Glaube ist ein kräftiger Verbündeter dieser Sendung, da es dem Glauben grundsätzlich um die Liebe geht und nur die Liebe im Leben Sinn und Glück bringen kann. Wir alle tragen in uns eine Fülle von Möglichkeiten, so wie die Knospe die kommenden Blätter und Blüten trägt. Zunächst jedoch müssen sie sich öffnen, doch das tun sie nur in dem entsprechenden Klima. Solange das Wetter rauh und kalt ist, bleiben sie geschlossen. Kommt der Frühling und scheint die Sonne, öffnen sie sich, und eine Vielfalt von Grün und Blüten quillt hervor. Menschen sind auch so.

Jeder von uns trägt in Kopf, Herz und Händen kostbare Schätze. Die Menschen sind in so mannigfacher Weise begabt, daß jeder von uns große Verheißungen in einer unverwechselbaren Art besitzt. Wie die Natur niemals sparsam oder geizig ist, wenn es um neue Lebenskeime geht, so hat jeder Mensch ein großes angeborenes Potential. All das bleibt jedoch verborgen, solange die umgebende Atmosphäre frostig und feindlich ist. Einzig im Klima der Liebe können Talente aufblühen und Schätze sich enthüllen. »Mein Vater wird dadurch verherrlicht, daß ihr reiche Frucht bringt« (Joh 15,8). Das war die Absicht des Vaters, als er uns ins Dasein rief; es ist auch das innerste Sehnen unserer Natur.

Mag auch der Selbstwert nicht durch die Liebe geschaffen werden können, so kann er doch sicherlich nur durch sie zur Entfaltung kommen. Nur in der Liebe können wir die Freude erfahren, das Leben als lebenswert, fruchtbar und gerechtfertigt zu verstehen. Diese Freude, die aus jenem Bewußtsein entspringt, können wir uns nicht selbst geben. Sie kann nur von anderen empfangen werden. Im letzten ist Gott selbst ihre Quelle.

Wir sprechen hier von der Liebe, die wir anderen schenken. Menschen, die wirklich viel lieben, tun sich nicht schwer mit dem Sinn des Lebens – sie leben ihn! »Liebe und tu, was du willst«, sagt Augustinus. Das Leben wird gut sein! Ehe wir jedoch Liebe schenken können, müssen wir sie empfangen. Wir müssen geliebt werden, ehe wir lieben können. Sich geliebt wissen, ist das elementarste Sehnen jedes Menschenherzens. Im Stil des Augustinus können wir sagen: »Wisse dich geliebt und tu, was du willst.« Jeder von uns braucht mehr Liebe, als er verdient. Deshalb kann sie niemals gekauft oder erzwungen werden, sondern nur geschenkt und empfangen.
Unser Urverlangen richtet sich überdies nicht auf eine Liebe, die von kurzer Dauer ist, bedingt oder begrenzt. Sie muß ewig dauern, soll bedingungslos sein und bis zum letzten gehen. Das heißt, daß Gott allein die letzte Erfüllung unseres Verlangens ist. Menschliche Liebe kann den anderen so leicht manipulieren: »Wenn du mich wirklich liebtest, würdest du das nicht tun ...«, oder »... würdest du das für mich tun.« Allein Gottes Liebe kennt keine Vorbedingungen. Sie gründet auf nichts, ist aber selbst die Grundlage für alles. Sie ist schiere Überraschung. Sie ist grundlos. Daß sie auf nichts gründet, gibt uns Sicherheit und Geborgenheit. Gründete sie sich auf etwas und würde dieses »Etwas« in sich zusammenbrechen, dann würde auch Gottes Liebe zerbröckeln. Doch bei Gott ist etwas Derartiges nicht möglich. Menschen, denen das bewußt geworden ist, können frei und auf Fülle hin leben. Die das noch nicht entdeckt haben, schleppen wie Atlas, der die ganze Welt trägt, die übergroße Bürde, Gottes Liebe verdienen zu sollen. Das zu beobachten, geht allein schon auf die Nerven. Ich möchte dem Atlas sagen: »Lege diesen Globus nieder und tanze auf ihm; dafür wurde er geschaffen.« Ich möchte diesen geplagten, müde gewordenen Menschen gleicherweise sagen: »Legt eure Last nieder und baut euer Leben auf Gottes Liebe auf; dann allein lebt ihr echt.« Wir brauchen Gottes Liebe nicht zu verdienen, wir brauchen sie auch nicht zu unterhalten. Sie ist ein freies Geschenk. »Kommt alle zu mir, die ihr euch plagt und schwere Lasten zu tragen habt. Ich werde euch Ruhe verschaffen« (Mt 11,28).

Gottes Liebe ist allumfassend, sie kennt keine Einschränkungen. Gott liebt auch die Sünder. Sünde vermindert Gottes Liebe nicht, vielmehr zeigt sie, daß wir Gott nicht genug lieben. »Wenn wir untreu sind, so bleibt er doch treu; denn er kann sich selbst nicht verleugnen« (2 Tim 2,13). Sünde heißt, daß ich mich abschirme gegen diese Liebe, mich mit einer Mauer umgebe. Wenn ich an dieser Mauer ein Leben lang weiterbaue, dann baue ich ein Burgverlies, so massiv, daß ich darin gefangen werde. Tragisch daran ist nur, daß draußen die Sonne der Liebe Gottes noch immer scheint.

Gottes Liebe ist schrankenlos. Alles ist eingeschlossen in die Unendlichkeit seiner Treue. Wenn auch Leiden und Unglück so weltweit sind, daß davon keine Familie, kein Einzelmensch ausgenommen ist, so ist Gottes Liebe doch größer und mächtiger als alles Übel und umhüllt alles. »Wo jedoch die Sünde mächtig wurde, da ist die Gnade übergroß geworden« (Röm 5,20). Seine Liebe hat stets das letzte Wort, und in ihr kann alles wiederhergestellt und so wieder heil und zum Heil werden. »Wir wissen, daß Gott bei denen, die ihn lieben, alles zum Guten führt, bei denen, die nach seinem ewigen Plan berufen sind« (Röm 8,28).

Gottes Liebe ist Ursprung und Vollendung unseres Lebens. Das wird in der traditionellen Weise mit dem Begriff der Schöpfung erläutert. Es mag sein, daß dieses Wort in unserer modernen Zeit viel von seiner Aussagekraft verloren hat. Gottes Liebe klingt darin kaum noch durch. Schöpfung ist oft in einem kalten, rationalistischen Kontext gebraucht worden, um das zu erklären, was nicht zu erklären ist, oder um uns zu einem hundertprozentigen Dienst für den Schöpfer zu zwingen. Einige werden unvermittelt an die ersten Zeilen der *Ignatianischen Exerzitien* denken: »Der Mensch ist geschaffen dazu hin, Gott unseren Herrn zu loben, ihn zu verehren und ihm zu dienen, und so seine Seele zu retten.« Das wird leicht (miß-)verstanden als ein radikales Mittel, uns eine Unterwerfung aufzubürden, die keinerlei Spielraum läßt. Da wir geschaffen sind, sind wir unausweichlich in der Wurzel unseres Seins gefangen wie Sklaven. Wollten wir diesen Grundsatz ignorieren, würden wir unerbittlich gestraft werden.

Und doch soll der Grundsatz des heiligen Ignatius nicht erstikken, sondern befreien. Sich ganz auf Gott ausrichten, ist der einzige Weg zu bleibender Erfüllung. Gott loben und ihm dienen, macht das Leben in jeder Hinsicht sinnvoll. Das ist keine willkürliche, uns vom Allmächtigen aufgezwungene Verpflichtung. Es ist die in unserer Natur grundgelegte Anziehungskraft, die uns zu Gott hin treibt. Der Grundsatz ist nicht autoritär von Gott entworfen, sondern er durchflutet unser innerstes Herz, und dort entdeckenwir ihn nach und nach. Nicht Gott befiehlt uns, am siebten Tag zu applaudieren, nachdem er die Schöpfung vollendet hat, nein, der Mensch kann nicht umhin, sein Staunen über die Schöpfung und ihren Schöpfer auszudrücken. Der Grundsatz spricht nicht etwas Fremdes und Entfremdendes aus, sondern tiefe Menschenweisheit. Viele positive und negative Erfahrungen sind in ihm eingefangen. Da unsere Entscheidungen oft undurchsichtig und zweideutig sind, ist diese Richtlinie eine wertvolle Hilfe.

Der Schlüssel zur richtigen Interpretation ist die Erkenntnis, daß die Schöpfung ein Akt der Liebe ist. Schöpfung heißt, daß Gott von Ewigkeit her sich gerade nach diesem unverwechselbaren Menschen gesehnt hat. Zu einem bestimmten Zeitpunkt war Gottes Sehnen so intensiv, daß der göttliche Funke übersprang und dieser bestimmte Mensch ins Dasein trat, um nun ein nie endendes ewiges Leben zu leben. Auf diese schöpferische Liebe hin ist unser ganzes Sein angelegt, und nur dann, wenn wir uns in allen unseren Wahlentscheidungen auf diesen Urgrund abstimmen, klingt die Melodie unseres Lebens zu unserer eigenen, unserer Mitmenschen und unseres Schöpfers Freude in voller Harmonie auf.

Einige Gedanken über das Wort Vollkommenheit können in diesem Zusammenhang von Nutzen sein. Man kann drei verschiedene Bedeutungen dieses Wortes unterscheiden. Zunächst meint es, ohne Fehler und Mängel sein. Ein Beispiel dafür könnte ein perfekter Redner sein mit einem großen Wortschatz, guter Beherrschung der Grammatik, ausgezeichneter Aussprache und einem deutlichen, packenden Vortrag – nichts bleibt zu wünschen übrig. Das Wort Vollkommenheit kann auch anders verstanden werden. Nehmen wir einen Menschen, der stottert, der aber gelernt hat, mit dieser Behinderung zu leben. Wenn er privat und in der Öffentlichkeit etwas zu sagen hat, so mag es weder für ihn noch für seine Zuhörer angenehm sein; er läßt sich aber dadurch nicht abhalten, es doch zu sagen. Hier wird Vollkommenheit auf einer tieferen Ebene verstanden: es ist die Vollkommenheit unserer gebrochenen Welt. Dieser Mensch hat gelernt, mit seiner Begrenztheit Frieden zu schließen und gelassen daraus das Beste zu machen. Er hat das erreicht, was Roger Schutz meint, wenn er davon spricht, sich selbst zu bejahen, wie man ist, mit aller Harmonie und Fruchtbarkeit, die daraus fließt. Dann gibt es noch eine dritte Bedeutung des Wortes Vollkommenheit. In der Heiligen Schrift meint Vollkommenheit Heiligkeit, das heißt vor allem eine besondere Anwesenheit Gottes. Der Sinai war heilig, weil Jahwe anwesend war in seiner Herrlichkeit und Bundestreue. Mose war vollkommen, da Gott ihn in besonderer Weise in seine Nähe gerufen hatte. Der Name Jahwe war heilig, da er für die Gegenwart des Heiligen selbst stand.

Zwischen der dritten und der zweiten Bedeutung besteht eine Verbindung. Da Gott uns auch in unserer Unzulänglichkeit treu und gegenwärtig bleibt, können wir uns bejahen, wie wir sind; Selbstbejahung als Glaubensakt! Gottes bedingungslose Bejahung schenkt uns einen Frieden, den die Welt nicht geben kann, und das hinwiederum läßt uns weit mehr Frucht bringen, als wir es jemals allein könnten. Die christliche Vollkommenheit ist folglich kein Perfektionismus. Ein Perfektionist kann nicht mit Fehlern leben, Gott kann es wohl. Gott engt unser Leben nicht ein, er läßt es erblühen.

> Du hast mit allen Erbarmen, weil du alles vermagst, und siehst über die Sünden der Menschen hinweg, damit sie sich bekehren. Du liebst alles, was ist, und verabscheust nichts von allem, was du gemacht hast; denn hättest du etwas gehaßt, so hättest du es nicht geschaffen. Wie könnte etwas ohne deinen Willen Bestand haben, oder wie könnte etwas erhalten bleiben, das nicht von dir ins Dasein gerufen wäre. Du schonst alles, weil es dein Eigentum ist, Herr, du Freund des Lebens (Weish 11,23–26).

Allmächtiger Gott,
wir sind das Werk deiner Hände;
nie wirst du uns im Stich lassen.
Unser ganzes Leben ist dein Geschenk:
all deine schaffende Kraft ist in unserem Sein.
Du hast dich ausgeschöpft für einen jeden von uns.
Wir danken dir, daß unser Leben in deinem Leben
verwurzelt ist;
wir danken dir für all die Möglichkeiten, die du uns
öffnest,
für das Licht, das unseren Pfad erhellt,
das unsere Herzen warm macht.
Wir bitten dich, laß uns in Dankbarkeit
das Leben auf seine Fülle hin leben,
immer offen bleiben für dein unverdientes Schenken
und dich verherrlichen durch die Frucht, die wir tragen,
heute und alle Tage und in Ewigkeit. Amen.

Fünftes Kapitel

Gott ist Liebe

»Wir glauben an die Liebe.« Dieses beliebte Zitat aus dem ersten Johannesbrief faßt unzweideutig zusammen, wofür das Christentum steht. Wir sind überzeugt, daß Liebe der letzte und entscheidende Wert des Menschenlebens ist. Wir glauben, daß Liebe die Welt verändern kann, und wir bemühen uns, das auch wirklich zu tun. Und doch fehlt etwas an diesem Motto. Es klingt ein wenig nach einem Slogan, etwa wie: »Wir glauben an die Demokratie«, bzw. »Wir glauben an den Marxismus.« Mit anderen Worten: es könnte den Glauben ein bißchen zu weit in die Nähe einer Ideologie rücken. Der Maxime fehlt die persönliche Note, wie wir sie im Originalausdruck des Johannes finden. Wenn wir in der Bibel nachschauen, was Johannes wirklich sagt, sehen wir, daß nur ein Teil des Satzes zitiert wurde. Der vollständige Text lautet: »Wir haben die Liebe erkannt und an die Liebe geglaubt, die Gott zu uns hat« (1 Joh 4,16[1]). Gerade die letzten fünf Worte wandeln diese Feststellung von einer abstrakten Ideologie in ein persönliches Verhältnis. Und das ist ein himmelweiter Unterschied.

Wir glauben, daß Gott uns liebt. Diese Liebe ist der Inhalt unseres Glaubens. »Wir haben die Liebe erkannt und an die Liebe geglaubt, die Gott zu uns hat«, ist eine echte, eine herrliche Zusammenfassung unseres Glaubens. Es bezeichnet das im Leben, was den letzten Sinn ausmacht und die Grundlage ist für echtes Glücklichsein. Zu wissen, daß man von Gott so sehr geliebt wird, ist das Höchste, das Entscheidende. Glauben heißt, nicht allein mit dem Kopf, sondern auch mit dem Herzen wissen, daß Gott *mich* liebt, schöpferisch, innig, unverwechselbar, verläßlich, ehrfurchtsvoll. Schöpferisch: aus seiner Liebe bin ich geschaffen; durch seine Liebe bin ich, der ich bin. Innig: seine Liebe streckt sich aus nach dem Tiefsten in mir – wo ich am meisten ich selbst bin. Unverwechselbar: seine Liebe umfängt mich, wie ich bin, nicht wofür ich gehalten werde oder wie ich sein soll. Verläßlich: seine Liebe läßt mich niemals fal-

len. Ehrfurchtsvoll: der Kern der Liebe ist die Ehrfurcht; Gott achtet meine Person und meine Freiheit mehr als Menschen; er zwingt oder manipuliert nie.
Gott nennt mich bei meinem Namen. Er kennt mich durch und durch, hat er mich doch gebildet im Schoß meiner Mutter. Er sorgt sich um mich und versteht mich bis ins letzte. Er liest meine Gedanken, meine Empfindungen, meine Gefühle, meine Sehnsüchte. Er kennt meine Freuden und Enttäuschungen, meine Schwächen und meine Stärke. Er teilt meine Erwartungen und meine Erinnerungen. Er sieht mich im Lachen und im Weinen, in Krankheit und in Gesundheit. Er lauscht auf meine Stimme, meinen Atem, meinen Herzschlag. Ich liebe mich nicht mehr, als er mich liebt. Deshalb sagt Augustinus, daß Gott mir näher ist, als ich mir selbst. Glaube ist das Bewußt-Sein dieser Innigkeit.
Die beiden großen Gebote des Neuen Testamentes sind in den Worten Jesu: »Du sollst den Herrn, deinen Gott, lieben mit ganzem Herzen, mit ganzer Seele und mit all deinen Gedanken. Das ist das wichtigste und erste Gebot. Ebenso wichtig ist das zweite: Du sollst deinen Nächsten lieben wie dich selbst!« (Mt 22,37–39). Doch ehe Jesus diese beiden Gebote ausspricht, spricht er zu uns von der Frohbotschaft der Liebe seines Vaters. Er beginnt nicht mit den Geboten; sie sind nur Folgen (und notwendige) der Frohbotschaft. Jesus bringt sie von sich aus tatsächlich nie zur Sprache. Er nennt sie nur als Antwort auf Fragen oder Einwände von seiten der Pharisäer. Sie sind wichtig, kein Zweifel, doch sie bilden nicht das Herz des Neuen Testamentes.
Das erinnert mich an einen kleinen Scherz, den wir uns mit einem unserer Professoren erlaubten. Er hatte ein schmales Büchlein geschrieben mit dem kurzen, kühnen Titel *Gott*. Jemand witzelte: »Es ist natürlich sehr wichtig zu wissen, wie Professor Robbers über Gott denkt, doch weit wichtiger ist es, wie Gott über Professor Robbers denkt.« Etwas abgewandelt möchte ich gern einem jeden sagen: »Natürlich ist es sehr wichtig, daß du Gott liebst, doch daß Gott dich liebt, ist weit wichtiger.« Das Wichtigste an die erste Stelle! Wenn wir uns wirklich als von Gott geliebt erfahren, werden wir über kurz

oder lang Gott ganz spontan wiederlieben. Das ist das erste Gebot. Ferner werden wir auch begreifen, daß Gott auch jeden anderen Menschen bejaht, wie er ist. So enthüllt Gottes Liebe auch den anderen als wertvollen Menschen. Daraus entspringt das zweite Gebot, das dem ersten gleich ist. Beide Gesetze fließen zwanglos aus dem Glauben, daß Gott uns liebt. Der heilige Bernhard sagt es kurz und bündig: »Wir lieben, weil wir geliebt werden; und weil wir lieben, werden wir größerer Liebe würdig.«[2] Ja, Gott ist Liebe, die sich hineinentfaltet in immer neue Liebe.

Das Wesen des Glaubens ist Gnade, Huld, Licht und Leuchten, Transparenz. Glaube ist weder ein Unternehmen großer Kraftanstrengung noch eine atemberaubende Leistung. Er macht uns weder herablassend gegen andere noch selbstgefällig uns gegenüber. Er ist vielmehr mild und bescheiden, anziehend und froh. Sicher ist er mehr Geschenk als Leistung. Er beruht mehr auf Empfänglichkeit als auf An-sich-Reißen. Er ist eine Gnade. Darum passen hier die Worte Paul Tillichs sehr gut:

> Von der Gnade ergriffen zu sein heißt nicht ..., daß wir in unserer moralischen Selbstbeherrschung, in unserem Kampf gegen besondere Fehler und in unseren menschlichen und gesellschaftlichen Beziehungen Fortschritte machen. Der sittliche Fortschritt kann eine Frucht der Gnade sein, aber er ist nicht die Gnade selbst, und er kann uns sogar daran hindern, die Gnade zu empfangen. ... Und sicher ereignet (Gnade) sich *nicht,* wenn wir versuchen, uns zu ihr zu zwingen, wie sie sich auch nicht ereignen wird, solange wir glauben, daß wir sie nicht brauchen. Die Gnade trifft uns, wenn wir in großer Qual und Unruhe sind. Sie trifft uns, wenn wir durch das finstere Tal eines sinnlosen und leeren Lebens gehen. Sie trifft uns, wenn wir fühlen, daß wir ein anderes Leben verletzt haben. ... Sie trifft uns, wenn der Ekel an unserem eigenen Sein, an unserer Gleichgültigkeit, unserer Schwachheit, unserer Feindseligkeit, unserem Mangel an zielbewußtem Leben uns unerträglich geworden ist. Sie trifft uns, wenn Jahr für Jahr die Vollendung unseres Lebens, nach der wir uns sehnen, ausbleibt,

> wenn die alten Nächte in uns herrschen, wenn die Verzweiflung alle Freude und allen Mut zerstört. Zuweilen bricht in einem solchen Augenblick eine Welle von Licht in unsere Finsternis ein, und es ist, als ob eine Stimme sagte: »Du bist dennoch bejaht«! *Dennoch bejaht,* bejaht durch das, was größer ist als du, und dessen Namen du nicht kennst. Frage jetzt nicht nach dem Namen, vielleicht wirst du ihn später finden. Versuche jetzt nicht, etwas zu tun, vielleicht wirst du später viel tun. Trachte nach nichts, versuche nichts, beabsichtige nichts. »*Nimm nur dies an, daß du bejaht bist.*« Wenn uns das geschieht, dann erfahren wir Gnade. Nach einer solchen Erfahrung werden wir nicht besser sein als zuvor und keinen größeren Glauben haben als zuvor. Aber alles ist verwandelt. In diesem Augenblick überwindet die Gnade die Sünde, und die Versöhnung überbrückt den Abgrund der Entfremdung. Diese Erfahrung fordert nichts; sie bedarf keiner Voraussetzung, weder einer religiösen noch einer moralischen noch einer intellektuellen; sie bedarf nichts als nur des Annehmens.[3]

Wenn uns das geschieht, brauchen wir nichts zu *tun,* außer uns erst einmal von diesem Bewußt-Werden durchtränken zu lassen. Wenn kleine Kinder zu früh zum Gehen gezwungen werden, bekommen sie Säbelbeine. Im geistlichen Leben gibt es eine ähnliche Erscheinung, nämlich, zu viel zu früh tun; lebenslange schädliche Wirkungen sind die Folge. In der Gleichnisrede vom wahren Weinstock sagt Jesus: »Bleibt in meiner Liebe« (Joh 15,9). Es genügt nicht, Gottes Liebe nur gestreift zu haben, wir müssen die Hand ergreifen, die sich uns entgegenstreckt, und sie festhalten. Wir müssen in dieser Liebe unsere Wohnstatt aufschlagen, müssen von ihr zutiefst überzeugt werden, sie in jedem Augenblick leben und in jeder Dimension unseres Lebens. Sie muß unser Atemholen werden.
Einige könnten einwenden: Führt nicht das Bewußt-Sein, daß Gott uns liebt, was auch immer geschehen mag, zu Quietismus und geistlicher Trägheit? So vernünftig diese Befürchtung auch in der Theorie sein mag, in der Praxis ist das Gegenteil wahr. Je tiefer wir in der Liebe verwurzelt sind, desto hochherziger wer-

den wir unseren Glauben leben und ihn in die Praxis umsetzen. Nach dem heiligen Bernhard erreichen wir den höchsten Grad der reinen Liebe, wenn wir endlich uns selbst in Gott und um seinetwillen lieben. Dann ist die Liebe zur Freiheit geworden. Sie hat uns befreit aus Kompliziertheit und Unbeständigkeit und uns hingeführt zu einer Einfalt des Herzens, der die Seligpreisungen die Schau Gottes versprechen.
Wenn wir wissen, daß Gott uns liebt, werden wir fähig, uns selbst zu lieben ohne Vorwand und fraglos. Wir lernen uns zu lieben, wie wir sind, denn der Glaube hat uns überzeugt, daß Gott uns liebt. Wir sind auf dem Wege zum vollkommenen Glück, weil wir uns über unsere Vollkommenheit und unser Glück keine Sorgen mehr machen. Allein seine Liebe, sein Wille, *er selbst* zählen. Ein solcher Glaube kommt der vollkommenen Erfüllung des Gesetzes gleich. Er beobachtet die winzigste Einzelheit jeder Verpflichtung, doch das nicht, um Gottes Liebe zu verdienen oder sie zu sichern, sondern als Frucht einer inneren Gewißheit und eines inneren Friedens; nicht im Geist pharisäischer Haarspalterei, sondern mit der Freiheit eines Gotteskindes; nicht als eine einengende Zwangsjacke, sondern als eine Quelle reiner und tiefer Freude. Wenn wir unser Geliebt-Werden leben, sind wir hinaus sowohl über die tyrannischen Forderungen, die wir uns selbst auferlegen, als auch über den unverbindlichen Wankelmut, der vor jeder Wahlentscheidung zurückschreckt. Der Glaube an Gottes Liebe befreit uns in der Tat von allem inneren Zwang und führt uns gleichzeitig zur Ganzhingabe. »Denkt nicht«, sagt Jesus in der Bergpredigt, »ich sei gekommen, um das Gesetz und die Propheten aufzuheben. Ich bin nicht gekommen, um aufzuheben, sondern um zu erfüllen« (Mt 5,17).
Diese Liebe oder vielmehr dieses Geliebt-Werden macht uns vollkommen gelehrig und gehorsam dem geringsten Wink des göttlichen Willens gegenüber. Sie macht uns fähig, unser Ich-Ideal zu überschreiten, die mehr oder weniger klare Vorstellung von dem, was wir gern sein möchten. In dieser idealistischen Vorstellung halten wir uns schadlos für die vielen Enttäuschungen unserer früheren Selbsterfahrung. Ein Gutteil Frustration kann dieses Bild ausmachen. Es ist nur zum Teil

bewußt; sein unbewußter Teil vor allem kann einen ungeheuren Einfluß auf unser Leben ausüben, leider nicht immer zum Guten. Die Verbote, die uns seit frühester Kindheit gegeben wurden, Beschuldigungen und Verurteilungen, die uns je getroffen haben, Strafen, die jemals über uns verhängt wurden, die Fehlschläge, die wir erfahren haben – all dies ist tief eingegraben in unsere Seele und bildet allmählich ein Verhaltensmuster, das unsere Freiheit stark einschränkt.

Dieses Verhaltensmodell kann sich, ohne daß wir uns dessen bewußt sind, in unserem Innern wie ein Tyrann benehmen. Es gibt Anlaß zu Hemmungen und Rationalisierung. Es kann sehr streng und unnachgiebig erscheinen und neigt auch dazu, völlig unrealistisch zu sein. Doch wenn wir gegen seine strengen Regeln verstoßen, bestraft uns das Ich-Ideal mit Gewissensbissen und zwanghaften Gefühlen der Beschämung und Minderwertigkeit. Es unterdrückt die lebensmächtigen Kräfte in uns und macht sie oft verdächtig. Zum Beispiel kann es Zartheit in grober Weise mißinterpretieren als Sinnlichkeit, Entschiedenheit als Selbstgefälligkeit, Sinn für das Schöne als ein Dem-Luxus-Frönen, Selbstvertrauen als Mangel an Demut. Diese belebenden, positiven Qualitäten sind für die menschliche Erfüllung notwendig und für die Ausbreitung des Reiches unentbehrlich. Sie sollen nicht verdrängt, sondern freigesetzt werden. Genau das geschieht, wenn wir uns in zunehmendem Maße bewußt werden, daß wir von Gott geliebt sind. Nicht Quietismus, sondern persönliches und gemeinschaftliches Entfalten ist die Frucht dieses Glaubens.

Der Vater wird verherrlicht, wenn wir reiche Frucht tragen. Dieses Sich-Entfalten unserer Persönlichkeit ist von außen und von innen bedroht. Im allgemeinen ist die letztere Gefahr die größere. Wenn das bewußte und unbewußte Ich-Ideal unser Leben beherrscht, sind Harmonie und Friede gehemmt. Weil wir nicht wir selbst sein können, sind wir anfällig für Extreme, denen wir fast zwangsläufig in die Arme getrieben werden. Diese ungesunden Tendenzen können sehr wohl unter der Flagge der Religion und Frömmigkeit segeln. Hier einige Beispiele: übertriebene Ordnung oder Sparsamkeit (leicht verwechselt mit Gehorsam und evangelischer Armut), schwer zu befriedigender

Ritualismus, eine ultralinke oder ultrarechte Einstellung, eine extrem konservative oder eine extrem progressive Haltung, eine übertrieben übernatürliche oder eine ungesund säkularisierte Einstellung zum Leben.
Diese und ähnliche Signale zeigen an, daß das wahre Ich eines Menschen unterdrückt und echte Fruchtbarkeit blockiert ist. Authentischer Glaube macht das Herz frei. Wahrer Glaube läßt die Vitalität und Fruchtbarkeit, die Gott in Männer und Frauen gelegt hat, zur Entwicklung kommen, er schenkt die Harmonie, in der wir leben sollen. Was Paulus als die Früchte des Geistes aufzählt, ist eine ausgezeichnete Beschreibung dieser Harmonie: »Liebe, Freude, Friede, Langmut, Freundlichkeit, Güte, Treue, Sanftmut und Selbstbeherrschung« (Gal 5,22–23). Eine flämische Dichterin kleidet dieses Ideal in poetischere Worte: »Ich möchte dich so lieben, daß mir das Bewußt-Sein meiner Liebe schwindet und ich hineinwachse in das Bewußt-Sein der deinen. Dich lieben heißt, vergessen, daß ich liebe: überwältigt bin ich ja von dem, der liebt. Dich lieben heißt, deiner bewußt werden und dem Bewußt-Sein des Selbst sterben. Entartet nicht alle Selbsterkenntnis in Selbstverherrlichung, wenn sie nicht stetig in dich mündet wie ein Strom in das Meer? Allein deine Göttlichkeit gibt meinem Menschsein den Pulsschlag.«[4]
Diese Art Glauben kann nie aus Beweisführung und Schlußfolgerung herauswachsen. Er ist eine Frucht, die für gewöhnlich im Gebet reift, wo der Mensch sich tiefer bewußt wird, daß Gott ihn bejaht. Es gibt eine große Anzahl von Schrifttexten, die uns für eine solche Meditation Hilfen bieten können. Einige aus dem Alten Testament ausgewählte sind:

Jahwe fand sein Volk in der Steppe,
in der Wüste, wo wildes Getier heult.
Er hüllte sie ein, gab auf sie acht
und hütete sie wie seinen Augenstern,
wie der Adler, der sein Nest beschützt
und über seinen Jungen schwebt,
der seine Schwingen ausbreitet, ein Junges ergreift
und es flügelschlagend davonträgt (Dtn 32,10–11).

Jahwe steigt in den Himmel, um dir zu helfen, ...
Eine Wohnung ist der Gott der Urzeit,
von unten (tragen sie) die Arme des Ewigen.
Er trieb den Feind vor dir her (Dtn 33,26–27).

Jetzt aber – so spricht der Herr, der dich geschaffen hat, Jakob,
und der dich geformt hat, Israel:
Fürchte dich nicht, denn ich habe dich ausgelöst,
ich habe dich beim Namen gerufen, du gehörst mir.
Wenn du durchs Wasser schreitest, bin ich bei dir,
wenn durch Ströme, dann reißen sie dich nicht fort.
Wenn du durchs Feuer gehst, wirst du nicht versengt,
keine Flamme wird dich verbrennen. ...
Weil du in meinen Augen teuer und wertvoll bist
und weil ich dich liebe,
gebe ich für dich ganze Länder
und für dein Leben ganze Völker.
Fürchte dich nicht, denn ich bin bei dir (Jes 43,1.2.4.5).

Hört auf mich, ihr vom Haus Jakob
und ihr alle, die vom Haus Israel noch übrig sind,
die mir aufgebürdet sind vom Mutterleib an,
die von mir getragen wurden,
seit sie den Schoß ihrer Mutter verließen.
Ich bleibe derselbe, so alt ihr auch werdet,
bis ihr grau werdet, will ich euch tragen.
Ich habe es getan, und ich werde euch weiterhin tragen,
ich werde euch schleppen und retten (Jes 46,3–4).

Kann denn eine Frau ihr Kindlein vergessen,
eine Mutter ihren leiblichen Sohn?
Und selbst wenn sie ihn vergessen würde:
ich vergesse dich nicht.
Sieh her: Ich habe dich eingezeichnet in meine Hände (Jes 49,15.16).

Auch wenn die Berge von ihrem Platz weichen
und die Hügel zu wanken beginnen –
meine Huld wird nie von dir weichen

und der Bund meines Friedens nicht wanken,
spricht der Herr, der Erbarmen hat mit dir (Jes 54,10).

Mit ewiger Liebe habe ich dich geliebt,
darum habe ich dir so lange die Treue bewahrt (Jer 31,3).

Der Herr, dein Gott, ist bei dir,
ein Held, der Rettung bringt.
Er freut sich und jubelt über dich,
er erneuert seine Liebe zu dir,
er jubelt über dich und frohlockt wie an Festtagen (Zef 3,17–18).

Der Herr ist barmherzig und gnädig,
langmütig und reich an Güte (Ps 103,8, vgl. Ex 34,6–7).

Im Neuen Testament wird Gottes Liebe Fleisch und Blut in der Person Jesu. In ihm empfängt sie Hände und Füße, ein Gesicht und eine Stimme, so daß wir sie sehen und hören können. Uns von dieser verläßlichen Liebe zu überzeugen, ist der einzige Zweck der Menschwerdung: »Ich bin dazu geboren und dazu in die Welt gekommen, daß ich Zeugnis ablege für die Wahrheit« (das heißt Verläßlichkeit der Liebe Gottes; Joh 18,37). Die Liebe zwischen Vater und Sohn wird uns anvertraut. Sie ist der Ursprung aller Liebe und allen Lebens. Sie ist die wirkmächtigste und radikalste (das heißt an der Wurzel ansetzende) Wirklichkeit. Uns wird an ihr Anteil gegeben. Nichts Geringeres! Der Vater liebt uns mit der gleichen Liebe, mit der er seinen Sohn liebt: Er liebt seinen Sohn in uns und uns in seinem Sohn. Er liebt uns zu Ebenbildern seines Sohnes und seinen Sohn zum Erstgeborenen von uns allen. Der Sohn liebt uns mit der gleichen Liebe, mit der er seinen Vater liebt; er liebt den Vater in uns und uns im Vater. Er liebt uns als Kinder seines Vaters, den er so innig liebt, und er liebt den Vater als Schöpfer eines jeden von uns. Durch diese tiefe Liebe verherrlicht der Sohn seinen Vater in uns, und der Vater verherrlicht den Sohn in uns. Wir sind hineingenommen in das innigste und fruchtbarste aller Geheimnisse: die Liebe zwischen Vater und Sohn im Heiligen Geist. Welch größeres Glück könnten wir erfahren als jenes, das in uns einströmt aus der Quelle selbst allen Glückes, aller

Liebe und allen Lebens? Die Menschwerdung ist für uns das Tor zu diesem Geheimnis.
Johannes bietet uns in seinem Prolog und wiederum zu Beginn der Passion den Schlüssel zum Leben Jesu: »Er gab ihnen Macht, Kinder Gottes zu werden. ... Wir haben seine Herrlichkeit geschaut, die Herrlichkeit des einzigen Sohnes vom Vater, voll Gnade und Wahrheit« (1,12.14). »Da er die Seinen, die in der Welt waren, liebte, erwies er ihnen seine Liebe bis zur Vollendung« (Joh 13,1). Wir könnten hier jede Begebenheit im Leben Jesu anführen als eine Bestätigung dieser Sendung. Doch beschränken wir uns auf die Bemerkung, daß Gottes Liebe in Jesus sozusagen zwei Hände hat: die eine Hand ist Verzeihung – die uns sogar in unserer Schuld noch trägt; die andere ist die Auferstehung – die uns offenbart, daß Gott uns auch über den Tod hinaus hält. Wirklich, »weder Gewalten der Höhe oder Tiefe noch irgendeine andere Kreatur können uns scheiden von der Liebe Gottes, die in Christus Jesus ist, unserem Herrn« (Röm 8,38–39). Das Leben Jesu inspirierte Paulus zu folgendem Gebet:

> Daher beuge ich meine Knie vor dem Vater, nach dessen Namen jedes Geschlecht im Himmel und auf Erden benannt wird, und bitte, er möge euch aufgrund des Reichtums seiner Herrlichkeit schenken, daß ihr in eurem Innern durch seinen Geist an Kraft und Stärke zunehmt. Durch den Glauben wohne Christus in eurem Herzen. In der Liebe verwurzelt und auf sie gegründet, sollt ihr zusammen mit allen Heiligen dazu fähig sein, die Länge und Breite, die Höhe und Tiefe zu ermessen und die Liebe Christi zu verstehen, die alles Erkennen übersteigt. So werdet ihr mehr und mehr von der ganzen Fülle Gottes erfüllt« (Eph 3,14–19).

Wir danken dir, Gott, daß du über uns wachst,
daß es nicht blindes Schicksal ist, was unser Leben bestimmt.
Liebe, Freude und Schönheit,
doch auch Scheitern und Leid

sind geborgen im Raum
deiner Sorge und Treue,
die stets das letzte, erlösende Wort sprechen.
Du bist uns nahe in allem, was uns trifft,
treuer und näher als wir uns selbst sind.
Du kennst unseren Namen, du setzt das Tiefste in uns frei.
In Jesus sind deine Sorge und Treue sichtbar geworden.
Er lebte für die anderen.
Wir glauben, daß er noch immer lebt und unter uns ist,
dein Sohn und unser Herr,
heute und alle Tage und in Ewigkeit. Amen.

Sechstes Kapitel

Die Freude des Vaters

Unter all den Bildern Gottes gibt es nur eines, das Gott gerecht wird, der Mensch Jesus von Nazaret. Paulus wird nicht müde, den Lobgesang der alles übersteigenden Erkenntnis seines Herrn Jesus Christus, in dem er »seinen Schatz« gefunden hat, zu singen, des Gottes, den er in den Tagen seiner Gesetzesfrömmigkeit so übereifrig gesucht hatte. »In Christus wohnt die ganze Fülle des göttlichen Lebens ... Er ist das Ebenbild des unsichtbaren Gottes (Griechisch: *eikon*; daher Ikone) ... Denn in ihm allein wohnt wirklich die ganze Fülle Gottes ...« (Kol 2,9; 1,15.19). In ihm werden wir »mehr und mehr von der ganzen Fülle Gottes erfüllt« (Eph 3,19). In ihm »erschien die Güte und Menschenliebe Gottes, unseres Retters« (Tit 3,4), und nichts kann »uns scheiden von der Liebe Gottes, die in Christus Jesus ist, unserem Herrn« (Röm 8,39). In Jesus wurde Gottes Liebe sichtbar und greifbar. Die johanneische Christologie ist nicht weniger ausdrücklich: »Niemand hat Gott je geschaut. Der Einzige, der Gott ist und am Herzen des Vaters ruht, er hat Kunde gebracht« (Joh 1,18). »Wer mich gesehen hat, hat den Vater gesehen« (Joh 14,9). »Wer mich sieht, sieht den, der mich gesandt hat« (Joh 12,45). »Ich und der Vater sind eins ..., in mir ist der Vater, und ich bin im Vater« (Joh 10,30.38). Jesus ist der geliebte Sohn, die Ehre und Freude seines Vaters.

Die anderen Autoren des Neuen Testamentes schließen sich ohne Ausnahme Paulus und Johannes an und geben wie sie Jesus »den Namen, der größer ist als alle Namen, damit alle im Himmel, auf der Erde und unter der Erde ihre Knie beugen vor dem Namen Jesu« (Phil 2,10). Der gesamte Inhalt ihrer Schriften ist tatsächlich nicht so sehr Lehre oder Botschaft als vielmehr der Mensch Jesus Christus. Er selbst ist *das* Wort, das gesprochen wurde, die letzte und höchste Selbstoffenbarung Gottes. Die Kurzform der Frohen Botschaft ist nicht an erster Stelle: Jesus ist Gott, sondern vielmehr: Gott ist so, wie er in Jesus in Erscheinung tritt. Das Neue Testament zeigt die Unverwech-

selbarkeit Jesu von verschiedenen Blickrichtungen her mit nie ermüdendem Enthusiasmus.
Dieses Kapitel greift einen bestimmten Aspekt der Unverwechselbarkeit Jesu heraus. Eine gute Überleitung zu diesem spezifischen Thema scheint die bekannte Behauptung zu sein, daß unter den vielen Revolutionären der Menschheitsgeschichte Jesus von Nazaret den ersten Platz einnimmt. Tatsächlich ist er so sehr Revolutionär, daß er die Kategorie überschreitet und es deshalb irreführend und nicht fair wäre, ihm ohne weiteres dieses Attribut beizulegen. Er möchte, daß wir zuerst uns selbst bessern und damit nicht bei den anderen anfangen – das läßt ihn unter den meisten Revolutionären schon ein wenig ausgefallen erscheinen. Die entscheidende Einmaligkeit Jesu als ein Revolutionär liegt jedoch im Gegenstand seiner Reform; damit hatte niemand vor oder nach ihm je den Mut, sich so gründlich auseinanderzusetzen – es ist die Schuld. Er vermag das bittere Leiden der Schuld in ein Erleben tiefer Freude umzuwandeln.
Daß Schuld ein solch häufiger, ein solch bitterer Schmerz ist, ist vielleicht nicht offensichtlich. Nur ein Mensch, der Zugang hatte zu den innersten Gemächern vieler Menschenherzen, weiß um die würgende Qual dieses Leidens. Es ist gewöhnlich das letzte, was ein Mensch preisgibt. Um nahezu jeden Preis wird es verborgen gehalten, wenn nicht verdrängt. Und doch übt die Schuld hinter der Fassade ihren qualvollen, zerstörenden Einfluß aus. Je mehr sie verdrängt wird, desto mehr vergiftet sie alles andere, vor allem die echte Freude. Ich fühle mich in meiner Haut nicht mehr wohl. Ich komme mir wie ein Heuchler, ein Betrüger vor. Wenn die Leute nur wüßten, was für einer ich in Wirklichkeit bin, sie würden mich alle verwerfen. Ich gehöre nicht eigentlich zu ihnen. Dieses Gefühl verfolgt mich sogar inmitten einer Fete oder in Gesellschaft eines guten Freundes. Ja, gerade hier! Ich fühle mich wie ein gespaltener Mensch, meinem eigentlichen Ich entfremdet. Ich verstehe mich selbst nicht. Ich kann einfach nicht begreifen, wie ich etwas Derartiges tun konnte und noch weniger, daß ich es weiter tue. Ich bin geteilt im Tiefsten meines Wesens. Paulus liefert die klassische Beschreibung dieses Zustandes: »Ich begreife mein Handeln

nicht: ich tue nicht das, was ich will, sondern das, was ich hasse ... Denn ich tue nicht das Gute, das ich will, sondern das Böse, das ich nicht will« (Röm 7,15.19).

Dieser Kummer wird dadurch verschlimmert, daß man sich von Schuld nicht befreien kann. Sie verfolgt einen. Man mag versuchen, sich in Kompensationen und Verdrängung zu flüchten, trotzdem verfolgt sie uns weiter. Ich bin Menschen begegnet, die hochherzige, nahezu heroische Opfer gebracht haben, um sich von Schuldgefühlen zu befreien. Es half alles nichts. Ein Psychiater kann einem Menschen helfen, sich der Schuld bewußt zu werden, die Erfahrung erneut zu durchleben, sie zu formulieren, zu objektivieren; doch wenn es sich um wirkliche Schuld handelt, kann er sie nicht wegnehmen. Natürlich gibt es unechte Schuldgefühle, die geheilt werden müssen und bei denen psychiatrische Hilfe am Platz und wohl unerläßlich ist. Das Heilmittel für echte Schuld jedoch übersteigt jeden Bereich menschlichen Könnens.

Das Böse, das wir begehen, trägt etwas Geheimnisvolles in sich. Wir können es nicht in den Griff bekommen. Es ist so anziehend, leicht, einleuchtend, lautlos und doch so sinnlos und frustrierend. Es scheut das Licht; die Dunkelheit ist sein Nährboden. »Jeder, der Böses tut, haßt das Licht und kommt nicht zum Licht, damit seine Taten nicht aufgedeckt werden« (Joh 3,20). Es ist schwierig für uns, es klar zu erkennen. Immer ist es eine Kombination von Schwachheit und Bosheit, untrennbar miteinander verwoben. Ganz bestimmt findet sich in unseren Sünden stets ein guter Teil Schwachheit. Niemand setzt sich hin und denkt: »Könnte ich mir nicht etwas Böses einfallen lassen?« Das wäre eine reine Karikatur. Wir beschwören das Böse nicht herauf, es springt uns geradewegs an. Wir wollen es nicht, bekämpfen es. Wir widerstehen ihm erbittert, geben aber schließlich nach ... zuweilen. Ja, in uns steckt viel Schwäche; es wäre unwahr, das nicht zu sagen. Doch es gibt auch das andere. Es ist nicht nur Ohnmacht, sondern auch ein Nicht-Wollen. Etwas in mir will die Schwachheit, ist eingenommen vom Bösen und entscheidet sich dafür. Die Wechselwirkung zwischen den beiden – Schwachheit und Bosheit – ist sehr subtil. Es gibt keine Trennungslinie zwischen den zweien, wäre sie auch noch so dünn; sie existiert einfach nicht. Wie Ketten- und Schußfäden den Stoff weben, wie zwei Flüssigkeiten, die sich vollkommen vermischen, so verbinden sich Tücke und Schwachheit und schaffen das Böse. Inwieweit das Böse Schuld ist und inwieweit die Schwachheit mitspielt, kann niemand genau ausmachen.

Da das Böse eine solch geheimnisvolle Realität ist, können wir es nicht bis ins letzte greifen. Es gleicht einem Eisberg, von dem neun Zehntel unter dem Wasser bleiben. Keiner könnte je alles oder auch nur den größten Teil davon aus dem Wasser heben, um ihn sichtbar zu machen. Daher kommt das allbekannte Gefühl, bei der Beichte eigentlich nicht alles gesagt zu haben. Dieser Eindruck ist sehr zutreffend. Würde ich versuchen, alle meine Sünden, meine ganze Sündhaftigkeit in Worte zu fassen, würde ich das Unmögliche unternehmen und in einer Sackgasse landen. Noch schlimmer ist es jedoch, daß ich so den Schwerpunkt verlagere und das Sakrament ins falsche Licht setze. Vielleicht versuche ich sogar, die Beichte in eine Hochleistung der Buchführung oder der Selbstrechtfertigung zu verkehren, anstatt sie als Gottes freie und befreiende Gnade zu empfangen. Damit soll nicht gesagt werden, daß wir vernachlässigen dürfen, unsere Sündhaftigkeit in Worte zu fassen, sondern daß uns das zwangsläufig nur in sehr beschränktem Maß gelingen wird. In gewissem Sinn könnte man sagen, daß die Worte, die wir benutzen, um unsere Sünden zu bekennen, einen symbolischen Wert haben – sie stehen für weit mehr Sündhaftigkeit, als wir überhaupt sagen können. All das bekräftigt, daß es uns nicht möglich ist, mit echter Schuld fertig zu werden. Es ist nicht nur ein qualvoller, alles durchdringender Schmerz, sondern es gibt auch für uns kein Heilmittel.

Wenn wir diesen Gegenstand auf die Kollektivschuld ausdehnen, wird das Problem noch komplizierter und schwieriger. Unlängst haben wir begonnen, uns des Bösen, das wir zusammen als Gruppe, Volk oder in einer Kultur heraufbeschwören oder fortsetzen, in verstärktem Maße bewußt zu werden. Keiner kann im einzelnen dafür verantwortlich gemacht werden, und doch besteht das Böse unbeirrt weiter, weil wir alle es in unserem gemeinsamen Lebensstil stützen. Die Erkenntnis bricht sich Bahn, daß unsere persönliche Schuld mit der Schuld eines jeden aus uns durch unzählige Bande verknüpft ist. Nach dreißig Jahrhunderten erleben wir in größerem Ausmaß, was der Psalmist zum Ausdruck brachte: »Denn ich bin in Schuld geboren; in Sünden hat mich meine Mutter empfangen« (51,7). Wir wollen uns damit nicht entschuldigen, sondern möchten veranschaulichen, bis zu welchem Ausmaß wir in das Böse verstrickt sind. Wir fühlen uns noch weniger fähig, kollektive Schuld zu bewältigen als individuelle und sind deshalb um so mehr versucht, in Vogel-Strauß-Politik zu flüchten.

In der Art und Weise, wie Jesus dieses schwer faßbare Problem, dieses jahrtausendealte Leid angeht, tut sich seine Größe kund. Im jüdischen Denken weit deutlicher als in dem unseren bezeichnet sein Name seine Sendung und Identität: »Du sollst ihm den Namen Jesus geben; denn er wird sein Volk von seinen Sünden erlösen« (Mt 1,21). Er kam, um zu befreien und um zu verzeihen, um das Gute neu zu schaffen und freizusetzen. Die zermalmende Wirklichkeit der Schuld wandelt er zum Ausgangspunkt eines befreienden, beglückenden Geschehens. In Rußland wird ein Mensch, der sich nach den Behörden etwas zuschulden kommen läßt, ins Exil oder in ein Arbeitslager nach Sibirien geschickt oder einer psychiatrischen Anstalt zugewiesen. Im Evangelium wird einem solchen Menschen ein Fest bereitet, auf dem er den Ehrenplatz einnimmt und ein ganz tiefes Glück verspüren darf. Das ist die große Revolution, die Jesus garantiert. Die Tiefe unserer negativen Gefühle wird gewandelt in die Höhe eines in gleichem Maße positiven Erlebens. Die Bürde wird uns von den Schultern genommen. Wir können tanzen, erleichtert und zutiefst glücklich. Augustinus sagte den Einwohnern von Hippo: »Werft eure Sünden unter eure Füße, und sie werden euch zum Himmel erheben.«

Um für diese Überraschung wirklich empfänglich zu sein und das Fest tatsächlich zu feiern, müssen wir unsere Masken abnehmen und unsere Waffen niederlegen. Solange wir meinen, wir könnten es aus Eigenem schaffen, sind wir noch nicht bereit, uns radikal ändern zu lassen. Das Ideal, das uns das Evangelium vor Augen führt, ist sehr hoch. Eigentlich gibt es nur zwei Möglichkeiten, mit dem Evangelium zurechtzukommen. Wir können Abstriche machen und es auf ein handliches Maß reduzieren, zum Beispiel uns aus unseren Lieblingsstellen eine Auswahl anlegen und es damit genug sein lassen. Die andere Möglichkeit wäre, das Evangelium so zu nehmen, wie es ist, und es ganz zu leben versuchen. Doch dann werden wir bald merken, daß wir jeden Tag viele Male fehlen. Wenn wir lernen, aus Gottes Vergebung zu leben, wird uns unser Versagen nicht hindern, jene durch und durch glücklichen Menschen zu werden, die das Evangelium aus uns machen möchte. Wenn wir nicht den Weg zur göttlichen Vergebung finden, wird die Herausforderung des Evangeliums zu einer bedrückenden Last, die uns schwermütig und mutlos macht. Das Evangelium verkehrt sich dann von einer frohen Botschaft in eine traurige, von einer guten Nachricht in eine schlechte.

Die Pluriformität, die mit dem Zweiten Vatikanischen Konzil Eingang in die Kirche fand, ist sicherlich ein kostbares Gut. Uniformität erstickt das Leben und schafft höchstens eine Schein-Einheit; echte Einheit hingegen differenziert. Damit soll nicht behauptet werden, daß es immer leicht ist, die Einheit in der Pluriformität zu leben, doch haben wir zumindest die Gewißheit, daß diese Aufforderung übereinstimmt mit »dem Weg, der Wahrheit und dem Leben« Jesu. Jedoch wird es niemanden überraschen, festzustellen, daß auch Pluriformität Risiken enthält. Sie kann zum Beispiel als Ausflucht gebraucht werden, um die Metanoia zu umgehen, die in Jesu Verkündigung des Reiches so wesentlich ist – jenen tiefen Wandel in der Ordnung unserer Prioritäten, der unserem Leben ein ganz anderes Gesicht gibt. Die Gefahr ist, daß wir uns aus der großen Auswahl der soziologischen, der kirchlichen und geistlichen Werte gerade jene aussuchen, die unsere Ansichten bestätigen, auch da, wo wir eigentlich nicht Bestätigung, sondern Bekehrung nötig haben. In diesem Fall ist der Weg, der zum Kern der Frohen Botschaft, zur Vergebung, führt, blockiert.

Wenn wir eintreten möchten in diese Erfahrung, die an das Tiefste und Letzte der Botschaft Jesu rührt, müssen wir uns demaskieren, entwaffnen und uns für die Bekehrung öffnen. Jesus stimmt der rhetorischen Frage der Pharisäer voll zu: »Wer kann Sünden vergeben außer dem einen Gott?« (Mk 2, 7). Sündenvergebung ist ausschließlich Gott vorbehalten. Wir können sie nicht bewirken, wir können sie nur an uns geschehen lassen. Es heißt teilhaben an dem Bekenntnis des Karfreitags und der Vergebung von Ostern. Es heißt tief in Jesu Sendung eintreten, ihn Erlöser sein lassen, nicht auf eine allgemeine, sondern auf eine persönliche Weise: den, der mich von meinen Sünden erlöst.

Obschon wir in diesem Wunder ganz und gar die Empfangenden sind, müssen wir es doch an uns geschehen lassen, und das erfordert ein gewisses Tätigsein auf unserer Seite. Wir müssen unsere Sünden und unsere Sündhaftigkeit in Worte fassen. Warum? Nicht weil Gott uns vor sich im Staube sehen möchte, ehe er bereit ist, uns zu vergeben. Noch weniger wäre es ein Versuch, Gott etwas zu sagen, was er nicht bereits wüßte. Schon gar nicht ist es zu verstehen als eine gewissenhaft ausgeführte Leistung, um die Absolution zu verdienen. Es ist die menschliche Weise, unsere Herzen zu bereiten, um das göttliche Geschenk der Vergebung zu empfangen, freie Bahn zu schaffen und Raum zu machen für das, was uns übersteigt. Es bezeichnet den Unterschied zwischen Verzweiflung, die in einem ichbezogenen Monolog gefangen bleibt und Reue, die auf einen Dialog mit einem anderen gerichtet ist. Das Problem der Vergebung liegt nicht bei Gott, sondern bei uns. Es ist nicht leicht, diese gewaltig große Befreiung zuzulassen und in uns aufzunehmen. Es ist nicht leicht, Vergebung in unseren Blutkreislauf einfließen und alles Gift der Schuld wegwaschen zu lassen. Zu diesem Prozeß und damit zum Sakrament selbst gehört, daß wir unsere Schuld in Worten ausdrücken.

Eine weitere Schwierigkeit kann sich geltend machen. Wenn ich jemandem Unrecht getan habe, könnte ich es als unredlich empfinden, ein geheimes Bekenntnis als Ersatz für eine mutige und freimütige Versöhnung mit diesem bestimmten Menschen zu (miß)brauchen. Und das stimmt. Wenn es mir aufrichtig leid tut, so versteht es sich von selbst, daß ich mich bei diesem Menschen auf irgendeine Weise entschuldige. Doch warum belassen wir es dann nicht bei der Entschuldigung oder eventuell sogar Wiedergutmachung und verzichten auf die Beichte? Sicher ist es so, daß ich, wenn ich diesen Menschen beleidige, gleichzeitig auch Gott beleidige, den Vater dieses Menschen oder, falls man es vorzieht, den tiefsten Grund des Seins dieses Menschen. Doch ist dann nicht mit gleichem Recht die Versöhnung mit diesem Menschen gleichzeitig eine Versöhnung mit Gott und Beichten überflüssig? Nein, nicht eigentlich! Bei der Beleidigung kann ein und dieselbe Tat beide treffen, das Geschöpf und den Schöpfer; bei der Versöhnung ist das nicht der Fall: hier sind zwei voneinander verschiedene Wiedergutmachungen nötig. Es ist nicht schwer, sich in menschlichen Beziehungen dafür einige Beispiele vorzustellen.

Es stimmt sicher, daß das persönliche Schuldbekenntnis nicht das Wichtigste der Beichte ist. Es stimmt auch, daß das Bekenntnis meistens schwierig und unangenehm ist. Und doch kommen wir nicht daran vorbei. Es bleibt aber wahr, daß darin nicht das Eigentliche der Beichte besteht. Das Eigentliche ist die Vergebung. Augustinus beschreibt die befreiende Erfahrung der Hinwegnahme der lastenden Schuld als ein Erwachen in Gottes erbarmender Liebe. Es ist vergleichbar einem Alptraum, in dem ich mich bis zum äußersten verworfen fühle und der, wenn ich zu einem hellen neuen Tag erwache, plötzlich schwindet. Der Unterschied ist jedoch, daß Schuld kein Traum ist, sondern eine ungeheure Wirklichkeit. So ist auch das freudige Erbeben, in einen neuen Tag der barmherzigen Liebe Gottes hineinzugehen, um so größer. »Durch die barmherzige Liebe Gottes wird uns besuchen das aufstrahlende Licht aus der Höhe« (Lk 1,78). Seine Barmherzigkeit ist so zart und gewiß wie die Morgenröte. Es ist die Erfahrung des verlorenen Sohnes, der sich nicht für wert hielt, als ein Tagelöhner gedungen zu werden, der jedoch herzlich umarmt wurde und sich als den Mittelpunkt einer festlichen Feier erlebte. Die Reaktion seines Vaters überstieg seine kühnsten Erwartungen. Die Freude des Vaters war so lauter und so groß, daß er seinen Sohn dem Leben neu schenkte. Der Kummer des Vaters galt ganz dem Sohn, nicht sich selbst. Sein tiefes Leid war ganz und gar selbstlos.

Thomas von Aquin sagt: »Gott wird von uns nicht beleidigt, außer insofern wir gegen unser eigenes Wohl handeln.«[1] Diese Äußerung bestätigt auf eine neue, tiefe Weise, daß Gott Liebe ist. Sogar in der Beleidigung ist er nichts als Liebe.

Gerade *in* der Verzeihung lernt der jüngere Sohn seinen Vater kennen – und hierin besteht die Revolution Jesu. Der jüngere und der ältere Sohn haben beide immer gewußt, daß ihr Vater gut war, doch *wie* gut er war, konnte allein der Sünder erfahren! Vergebung macht den Letzten zum Ersten und den Ersten zum Letzten. Vor der Heimkehr des Bruders war der ältere Sohn seinem Vater im eigentlichen und im übertragenen Sinn näher, während der jüngere weit weg war in einem fremden Land, seinem Vater entfremdet. Im Augenblick der Verzeihung werden die Rollen vertauscht. Von nun an ist es der jüngere Sohn, der in eine neue Vertrautheit mit seinem Vater getreten ist. Da er spürt, wie rein und tief die Freude seines Vaters ist, fängt er an, die selbstlose Aufrichtigkeit seiner Liebe zu verstehen. Das wiederum schafft eine neue Nähe zu seinem Vater; sein älterer Bruder bleibt hier bloßer Außenseiter. Welch eine Revolution! Verlust wird in Gewinn verkehrt, die Tiefe des Elends in Höhe der Freude. Die vernichtendste Erfahrung wird in ein äußerst fruchtbares Geschehen verwandelt. Die ratlose Verzweiflung der Schuld wird schließlich zu einer unsagbar innigen Gotteserfahrung

In dem beglückenden Erleben der Vergebung seines Vaters wird dem jüngeren Sohn nicht nur eine neue Sicht der Güte des Vaters geschenkt, sondern auch seiner eigenen Sünde. Man sollte die folgende Reihenfolge erwarten: Bewußtwerden der Sünde, Reue, Bitte um Vergebung. Schaut man jedoch näher zu, so zeigt sich eine umgekehrte Ordnung. Allein die Verzeihung läßt uns erkennen, was Sünde wirklich ist. Wie es oben betont wurde, können wir das Böse nicht begreifen. Folglich ist die rechte Reaktion des Menschen auf Sünde und Sündhaftigkeit Gabe und Gnade. Echte Reue ist Geschenk, nicht Leistung; sie ist nicht so sehr Ergebnis der Selbstprüfung als vielmehr Kontemplation der Liebe des Herrn, mehr eine Frucht des Gebetes als der Selbsterforschung. Der Mensch hat den Gipfelpunkt der Reue erreicht, wenn er selbstvergessen in Gottes Vergebung eintritt.

Echte Reue ist nicht mißmutig; sie trägt in sich einen wahren Frieden. Der Heilige Geist wirkt sie in uns, daher ist sie gekennzeichnet durch die Früchte des Geistes, unter ihnen: Liebe, Freude, Friede, Langmut und Freundlichkeit. Zum Vergleich können wir an einen guten Freund denken, der uns auf einen Fehler aufmerksam macht. Wenn er auch schonungslos offen sein mag, so verrät doch die Art und Weise, wie er es uns sagt, eine Atmosphäre bejahenden Vertrauens und der Ermutigung. Ein Feind hingegen könnte uns für denselben Fehler scharf kritisieren und fertigmachen. So kann auch im geistlichen Leben der Feind leicht erkannt werden an der Entmutigung, die er einflößt. Gott weckt immer Hoffnung, Friede und Ermutigung.

Von jetzt an ist die Sünde nicht mehr die meinige. Das Lamm Gottes hat sie von mir genommen, es hat sie auf sich gelegt und aus meinem Leben und aus dieser Welt hinausgetragen. Es wäre dann nicht recht, an ihr festzuhalten. Ein neuer Raum ist geschaffen, in dem ich frei atmen kann. Vergebung heißt, daß mir eine neue Sendung geschenkt wurde, ein erneutes Vertrauen. Echte Sendung beginnt eigentlich nur mit Vergebung. Wirklich fruchtbarer Dienst ist erst dann möglich, wenn der Mensch Vergebung erfahren hat. Solange ich diese Grunderfahrung der Frohen Botschaft nicht gefunden habe, läuft mein Dienst Gefahr, viel zuviel auf mich selbst gerichtet zu sein. Der Geist der Bergpredigt kommt allein im Klima der Reue und Vergebung zum Leben. Und hier beginnt das Evangelium eigentlich erst; alles übrige war bis zu diesem Punkt nur Einleitung. Jesu erstes Wort im Markus-Evangelium lautet: »Die Zeit ist erfüllt, und das Reich Gottes ist nahe. Kehrt um und glaubt an das Evangelium!« (Mk 1,15). In diesem Geist – dem Heiligen Geist – können wir lieben, wie wir uns von Gott geliebt wissen, und dienen, wie Jesus uns gedient hat. »O glückliche Schuld!«

Barmherziger Vater,
laß uns keinen falschen Namen für unsere Sünden suchen
und laß uns auch nicht das Böse, das wir begangen haben, leugnen.
Das sanfte Licht deiner Wahrheit
führe uns hinein in das Wunder deiner Vergebung
und öffne uns dort auf eine neue Tiefe deiner Liebe hin.

Laß uns die Freude erfahren,
mit der du uns willkommen heißt und umarmst,
wenn immer wir zu dir zurückkehren.
Laß uns teilhaben an dieser Freude
und so neue Menschen werden,
die einen neuen Beginn in ihrem Dienst wagen,
bereit, deine Verzeihung und deinen Frieden
allen weiterzugeben,
heute und alle Tage und in Ewigkeit. Amen.

Siebtes Kapitel

Das Wort – lebendig und kraftvoll

Mehrere Psalmen drücken mit dem Dank für Gottes Vergebung zugleich das Verlangen aus, Gottes Güte anderen zu verkünden. So betet David in Psalm 51:

> Dann lehre ich Abtrünnige deine Wege,
> und die Sünder kehren um zu dir.
> Befreie mich von Blutschuld, Herr, du Gott meines Heiles,
> dann wird meine Zunge jubeln über deine Gerechtigkeit.
> Herr, öffne mir die Lippen,
> und mein Mund wird deinen Ruhm verkünden (V. 15–17).

Wie der verlorene Sohn aus seiner Schuld heraus eine neue Dimension in der Liebe seines Vaters entdeckte und in eine weit tiefere Vertrautheit mit ihm eintrat, so erkennen wir, wenn wir als Sünder zu Jesus kommen, in ihm einen neuen tieferen Sinn und müssen anderen einfach daran Anteil geben. Jesus ist nicht länger eine bloße Verhaltensnorm, die Anforderungen stellt, ein hohes Ideal, dem wir entsprechen möchten, sondern er ist zu *Dem* geworden, dem wir unser Leben und unsere persönliche Heilung, unser Heil schulden. Das treibt uns dazu, Apostel zu werden.

Die Umwandlung eines »sündigen Menschen« in einen Apostel, der »Menschen fängt«, wird an Simon Petrus veranschaulicht (Lk 5, 1–11). In der Erzählung des wunderbaren Fischfangs vereinigen sich unverkennbar christologische und apostolische Obertöne zu einer einheitlichen Melodie der Verkündigung. Der Evangelist will mit dieser Perikope zum Ausdruck bringen, daß in Jesus von Nazaret Gottes Größe, Kraft und Heiligkeit sichtbar werden, und daß unser Erfahren Gottes in Jesus aufs engste mit dem apostolischen Dienst verbunden ist. Das Betroffen-Sein von der Größe und Hoheit Jesu läßt den Jünger der eigenen Sündigkeit bewußt werden, übersteigt sie aber sogleich wieder. So wird der Glaube an Jesus noch tiefer und inniger. Zur Verkündigungsabsicht dieser Perikope gehört wesentlich die

Aussage, daß ein Mensch zum Apostel wird, wenn ihm die Herrlichkeit Gottes in Jesus aufleuchtet, und daß umgekehrt authentisches neutestamentliches Apostolat nur möglich ist aus dem Betroffensein von Jesu Herrschaft. In dieser Sicht wollen wir ganz einfach den Text, wie er vorliegt, betrachten und hie und da durch verwandte Texte erläutern. Das soll die christologisch-apostolische Ausrichtung – so unumgänglich zum Glauben eines jeden Christen gehörig – in uns bestärken. Die Perikope besteht aus drei Teilen. In jedem ergreift Jesus die Initiative, und jedem ist auch ein apostolischer Aspekt eigen.

Dem Wort lauschen

> Als Jesus am Ufer des Sees Gennesaret stand, drängte sich das Volk um ihn und wollte das Wort Gottes hören. Da sah er zwei Boote am Ufer liegen. Die Fischer waren ausgestiegen und wuschen ihre Netze. Jesus stieg in das Boot, das dem Simon gehörte, und bat ihn, ein Stück weit vom Land wegzufahren. Dann setzte er sich und lehrte das Volk vom Boot aus.

Jesus spricht zu den Menschen, nicht wie früher in der Synagoge, sondern zu den Volksscharen unter freiem Himmel. Er benutzt Simons Boot – ein materieller Dienst des Petrus, ehe er in seine apostolische Sendung berufen wird. Für jetzt ist es seine Hauptaufgabe, mit dem übrigen Volk dem Meister zu lauschen. Das Fundament allen Apostolates ist die »Botschaft des Glaubens» (wie Paulus zweimal im Galaterbrief sagt, Gal 3, 2.5), und sie muß man notwendigerweise hören, bevor man sie weitergeben kann. Hören bedeutet, sich aufschließen für etwas, das von außen kommt. Anfänglich mag es fremd klingen und unsere Ideenwelt stören; nach und nach kann es weitreichende Konsequenzen haben.
Echtes Hören erfordert deshalb Mut und Demut. Jesus warnt: »Gebt acht, daß ihr richtig zuhört!« (Lk 8, 18). Man kann auf vielerlei Weise zuhören! Unser Zuhören kann zu einem Filtern ausarten, das nur durchläßt, was uns paßt, und von vornherein das zurückweist, was unserer Ansicht zuwiderläuft. Zu echtem

Zuhören gehört, daß wir uns nicht nur bis zu einem gewissen Grad leer machen, sondern darüber hinaus, daß wir uns empfänglich machen. Wir könnten versucht sein, wie ein Meister zuzuhören, nicht um zu lernen, sondern um andere abzuhören. Eine der kostbarsten Gaben des Gottesknechtes wird von Jesaja im dritten Lied genannt: »Jeden Morgen weckt Gott, der Herr, mein Ohr, damit ich auf ihn höre wie ein Jünger. Gott, der Herr, hat mir das Ohr geöffnet« (Jes 50, 4). Wir bitten um das Ohr eines Jüngers, um Jesus zuzuhören, der jetzt vom Boot des Petrus aus spricht und oft auf mannigfache andere Weise.

Das Wort Gottes ist mehr als die Formulierung eines Gedankens oder Gefühls. Es ist lebendig und kraftvoll. Wenn das hebräische Wort »bara« das Handeln Jahwes bezeichnet, bedeutet es sowohl sprechen als auch erschaffen. Gott spricht die Geschöpfe. Sein Wort ist Geist, das heißt, es ist lebenspendend. So wird es auch zum Beispiel verstanden im Parallelismus des folgenden Psalmverses: »Durch das Wort des Herrn wurden die Himmel geschaffen, ihr ganzes Heer durch den Hauch seines Mundes« (Ps 33, 6). Es ist wirkmächtig:

> Denn wie der Regen und der Schnee vom Himmel fällt
> und nicht dorthin zurückkehrt,
> sondern die Erde tränkt
> und sie zum Keimen und Sprossen bringt,
> wie er dem Sämann Samen gibt und Brot zum Essen,
> so ist es auch mit dem Wort, das meinen Mund verläßt:
> Es kehrt nicht leer zu mir zurück,
> sondern bewirkt, was ich will,
> und erreicht all das, wozu ich es ausgesandt habe
> (Jes 55, 10–11).

Das Wort Gottes ist kraftvoll »wie Feuer, wie ein Hammer, der Felsen zerschmettert« (Jer 23, 29). Vor allem aber ist es lebendig – es hat eine Geschichte. Es wurde Abraham zugesprochen und veranlaßte ihn, sein Heimatland zu verlassen. Es sandte Mose, sein Volk zu befreien. Es gibt auch eine Ebbe in der Geschichte des Wortes Gottes: »In jenen Tagen waren Worte des Herrn selten« (1 Sam 3, 1), ja so selten, daß auch der Hohepriester Eli es nicht erkannte, bevor es nicht zum drittenmal erklang. Das

Wort Gottes wurde den Propheten anvertraut, damit sie es an das Volk weitergeben; es spricht durch sie. Es ergreift sie wie ein Feuer, das in ihren Herzen brennt, eingeschlossen in ihrem Innern (Jer 20,9). Es erfüllt sie mit einer göttlichen Kraft.

> Hiermit lege ich meine Worte in deinen Mund. Sieh her! Am heutigen Tag setze ich dich über Völker und Reiche; du sollst ausreißen und niederreißen, vernichten und einreißen, aufbauen und einpflanzen (Jer 1,9–10).

Dann wird der Zenit in der Geschichte des Wortes Gottes erreicht: »Viele Male und auf vielerlei Weise hat Gott einst zu den Vätern gesprochen durch die Propheten; in dieser Endzeit hat er zu uns gesprochen durch den Sohn« (Hebr 1,1–2). »Als aber die Zeit erfüllt war, sandte Gott seinen Sohn, geboren von einer Frau« (Gal 4,4) und »Das Wort ist Fleisch geworden« (Joh 1,14). Das Wort verdichtet sich zu unserem Bruder Jesus und beginnt jetzt in Person über die Erde zu gehen:

> Dann sah ich den Himmel offen, und siehe, da war ein weißes Pferd, und der, der auf ihm saß, heißt »Der Treue« und »Wahrhaftige«; gerecht richtet er und führt Krieg. Seine Augen waren wie Feuerflammen, und auf dem Haupt trug er viele Diademe; und auf ihm stand ein Name, den er allein kennt. Bekleidet war er mit einem blutgetränkten Gewand; und sein Name heißt »Das Wort Gottes« (Offb 19,11–13).

Das Wort Gottes hat Macht, die Herzen zu treffen und zu heilen: »Die Menschen waren sehr betroffen von seiner Lehre, denn er redete mit (göttlicher) Vollmacht« (Lk 4,32). »Eine Kraft ging von ihm aus, die alle heilte« (Lk 6,19).
Die Geschichte des Wortes Gottes setzt sich in der Kirche fort. Ihre Aufgabe ist es, Gottes Wort lebendig zu erhalten und es in lebensnaher, ansprechender Weise weiterzugeben. Als Jesus in den Himmel auffuhr, sagte er zu seinen Jüngern: »Geht hinaus in die ganze Welt und verkündet das Evangelium allen Geschöpfen!« (Mk 16,15). Die ganze Kirche muß das ganze Evangelium der ganzen Welt verkünden. Jeder in der Kirche trägt eine apostolische Verantwortung, und diese kann nicht auf eine

Handvoll »Fachleute« abgeschoben werden. Das Evangelium muß unverwässert, unverkürzt und vor allem lebendig verkündet werden. Die ganze Welt hat das Recht, die Frohe Botschaft zu hören, evangelisiert zu werden.
Dieser Dienst des Wortes steht in engem Zusammenhang mit dem Gebet und wird sogar von den Zwölf in einem Atemzug mit dem Gebet genannt (Apg 6,4). Im Gebet kann das Wort Gottes tiefe Wurzeln schlagen, vorausgesetzt, daß die Bereitschaft vorhanden ist, sich ehrlich danach zu richten. Die Betrachtung der Worte der Schrift wird sich schließlich hineinentfalten in die Kontemplation des menschgewordenen Wortes. Die vielen Worte zielen hin auf das eine Wort. Lauschen wird zum staunenden Blick auf Jesus, schlußfolgerndes Denken zum Schauen auf den Herrn. Der Schwerpunkt verlagert sich vom Kopf in das Herz. »Meditation ist die Mutter der Liebe, Kontemplation ihre Tochter« (Franz von Sales).

*

Der wunderbare Fischfang

> Als Jesus seine Rede beendet hatte, sagte er zu Simon: Fahr hinaus auf den See! Dort werft eure Netze zum Fang aus! Simon antwortete ihm: Meister, wir haben die ganze Nacht gearbeitet und nichts gefangen. Doch wenn du es sagst, werde ich die Netze auswerfen. Das taten sie, und sie fingen eine so große Menge Fische, daß ihre Netze zu reißen drohten. Deshalb winkten sie ihren Gefährten im anderen Boot, sie sollten kommen und ihnen helfen. Sie kamen, und gemeinsam füllten sie beide Boote bis zum Rand, so daß sie fast untergingen.

Die Jünger hatten eine lange Nacht hinter sich, angefüllt mit schwerer Arbeit – alles umsonst. Sie fingen nur eine Ladung enttäuschter Müdigkeit. Jetzt befiehlt ihnen der Herr, die Netze noch einmal auszuwerfen. »Du bist Zimmermann, wir Fischer. Wir kennen den See, er ist unser Reich. Er ist tot jetzt, geschlossen, kein Fang, keine Aussicht. Wenn er in der Nacht nichts hergibt, dann sicherlich nicht am hellichten Tag.« Doch der Herr schickt sie zurück. Er gibt ihrer Niedergeschlagenheit nicht nach. In seinen Augen hat diese Resignation keine Berechtigung. Er ist an das Unwahrscheinliche gewöhnt. Schließlich ist er der »Herr des Unmöglichen« (Charles de Foucauld). Laß sie Experten sein – die Macht des Wortes Gottes müssen sie noch kennenlernen.

Es stimmt, es ist ihr See, ihre Domäne; so schickt er sie dorthin zurück – in die aussichtslose Leere. Die skeptischen, müde gewordenen Menschen unserer Zeit sind uns anvertraut: Menschen, heimgesucht von Inflation und bedrängt von Geschäftsrückgang und Arbeitslosigkeit; versklavt an die Medien, und von der Konsumgesellschaft übers Ohr gehauen; Menschen, die Spiritualität verdrängen und Fakten sehen wollen, Leistung und Geld; die sich vor Projektion fürchten und denen Gott sehr vage ist; Menschen, denen ihre Arbeit Gebet und Götze ist – diese Art Menschen müssen wir für Gott ködern. Wenn wir aufbrechen in die tiefen Wasser, lassen wir besser alle Illusionen hinter uns. Es ist ein unmöglicher Auftrag. Wir haben keine Chance. Es ist Vergeudung von Zeit und Mühe und lächerlich dazu. Die Apostel von heute kommen nicht als erfolgreiche, verehrungswürdige Wesen, sondern vielmehr als arme, in gewissem Sinne einsame Menschen. Das eine wissen sie: es ist nicht leicht, Herzen zu gewinnen für den lebendigen Gott – und auch, Gott Dank, daß sie sich verlassen können auf das Wort dieses lebendigen Gottes. Im letzten haben sie keine andere Garantie.

Das Wort Gottes ist kraftvoll, ja, doch es muß, soll es je seine Kraft entfalten, in die Tat umgesetzt werden. Als »sie das taten«, machten sie ihren Fang! In den Stürmen der Zeit können wir unseren Mann stellen, wenn wir das Wort leben.

> Was sagt ihr zu mir: Herr! Herr!, und tut nicht, was ich sage? Ich will euch zeigen, wem ein Mensch gleicht, der zu mir kommt und meine Worte hört und danach handelt. Er ist wie ein Mann, der ein Haus baute und dabei die Erde tief aushob und das Fundament auf einen Felsen stellte. Als nun ein Hochwasser kam und die Flutwelle gegen das Haus prallte, konnte sie es nicht erschüttern, weil es gut gebaut war. Wer aber hört und nicht danach handelt, ist

wie ein Mann, der sein Haus ohne Fundament auf die Erde baute. Die Flutwelle prallte dagegen, das Haus stürzte sofort in sich zusammen und wurde völlig zerstört (Lk 6,46–49).

Die Zeit wird kommen, da das Wort Gottes der einzige Halt ist, der unserer Sendung Sinn geben kann.
In der Kraft dieses Wortes findet der Apostel Leben, wo offensichtlich alles tot war, einen Fang, wo nur Leere; Offenheit, wo alles verschlossen zu sein schien. Ein bescheidenes, einfaches Auftreten wird Herzen aufschließen, die verschlossen waren. Zu unserer Überraschung werden wir feststellen, daß in der dumpfen Verzagtheit vieler weit mehr Sehnen nach Gott verborgen ist, als wir uns je träumen lassen – wenn wir sie nur auf der richtigen Wellenlänge erreichten. Warum kommen jeden Sommer Zehntausende junger Menschen aus ganz Europa und sogar von Übersee in das entlegene Dörfchen Taizé in Frankreich, um dort Tage oder Wochen in primitiven Unterkünften mit der ökumenischen Brüdergemeinschaft zu verbringen? Warum beten Hunderte römischer Jugendlicher täglich gemeinsam in San Egidio und legen ihr gespartes Geld zusammen, um den Armen der heruntergekommenen Wohnviertel von Trastevere zu dienen, und strahlen unverhohlene Freude und Enthusiasmus aus? Warum schließen sich jeden Monat weitere zehn oder mehr Mädchen den Missionarinnen der Liebe Mutter Teresas an, die ihnen nichts anderes zu bieten hat als ein äußerst armes Leben, das nur Gebet und Dienst an den Allerverlassensten kennt? Warum schießen christliche Basisgemeinschaften in Lateinamerika wie Pilze aus dem Boden trotz brutaler Versuche, sie einzuschüchtern? Warum ist Gebet ein solcher Hunger, daß Menschen begierig nach Gurus ausschauen, wenn es sein muß in Indien oder Japan?
Das ehrliche Vertrauen auf das Wort des Herrn wird belohnt durch einen riesigen Fischfang. Einige Jahre später wird Petrus neuerlich unter schockierenden Umständen eine andere herausfordernde Sendung gegeben. Während des Betens zur Mittagszeit wird er eingeladen zu der widrigen Handlung, unreine Nahrung zu sich zu nehmen. »Niemals, Herr!« ist seine spon-

tane Reaktion. »Noch nie habe ich etwas Unheiliges und Unreines gegessen« (Apg 10,14). Doch bald wird klar, daß das nun wirklich ein Ruf ist, in die tiefen Wasser der heidnischen Welt zu stoßen und als erster auch Heiden in die christliche Kommunität aufzunehmen. Das Wort »Was Gott für rein erklärt hat, nenne du nicht unrein« (Apg 10,15; 11,9), bezieht sich auf mehr als allein auf Nahrung – es bezieht sich vor allem auf Menschen! Petrus lernte eine wichtige Lektion: »Mir hat Gott gezeigt, daß man keinen Menschen unrein oder unheilig nennen darf« (Apg 10,28). Das ist der Beginn eines erstaunlichen Fanges, der zur raschen, weltweiten Ausbreitung der frühen Kirche führte.

Auch wir sind aufgerufen, aufs neue zu wagen und zu vertrauen. Unserer Anmaßung entblößt, müssen wir uns in das tiefe Wasser unserer säkularisierten Welt wagen. Das beste Mittel, den Glauben zu bewahren, ist, ihn weiterzugeben. Beschränken wir uns dabei nicht auf den Raum, wo wir uns sicher fühlen, sondern gehen wir darüber hinaus. Tapferer Glaube in der Kraft des Wortes Gottes, verbunden mit einer offenherzigen Demut, bereitet uns darauf vor, Gott dort entdecken zu können, wo sein Name nie genannt wird. Wenn wir die Hochburg unserer selbstangemaßten Überlegenheit verlassen, werden wir glimmende Kohlen des Glaubens finden, die wir bis jetzt übersehen, mißdeutet oder fast erstickt hatten. Auf Glauben, wenn auch unausgesprochen, können Aktionen hindeuten zum Schutz des Lebens und der Verbesserung der Lebensqualität, eine – vielleicht ein wenig ungeschickte – Opposition gegen die Konsumgesellschaft; ein einsamer Versuch, seine eigene Integrität zu bewahren in einer Gesellschaft offener und geheimer Verführungsmittel; ein hochherziges Bemühen um Gerechtigkeit auf lokaler oder weltweiter Ebene; unmittelbarer persönlicher Einsatz für unterprivilegierte Länder; private Hilfe an der Basis in der eigenen Nachbarschaft; ein beharrliches Suchen nach Innerlichkeit und vieles andere mehr.

Lassen wir es dahingestellt sein, ob alle diese Bemühungen über jeden Tadel erhaben sind, doch sie alle verdienen unsere Achtung und unsere Mitwirkung. Unzeitgemäße perfektionistische Maßstäbe anzulegen, könnte sehr wohl ein Mangel an

Glaube, Vertrauen und Liebe sein. Nörgelei ist ein unwirksames Mittel, das Reich Gottes aufzubauen. In der grausamen Zeit der Reformation handelte der feinfühlige Bischof von Genf nach dem Grundsatz, daß man mehr Fliegen fängt mit einem Tropfen Honig als mit einem Faß voll Essig. Der Gutsherr, der guten Samen gesät hatte, erlaubte seinen Knechten nicht, das Unkraut auszureißen, um nicht auch den Weizen mit auszureißen (Mt 13,24–30; 36–43), und vom Gottesknecht wird lobend erwähnt, daß er das geknickte Rohr nicht zerbricht (Jes 42,3). Der sicherste Weg zu apostolischer Fruchtbarkeit ist, das Risiko gelebter Liebe auf sich zu nehmen.

*

Anbetung und Sendung

> Als Simon Petrus die Menge Fische sah, fiel er Jesus zu Füßen und sagte: Herr, geh weg von mir; ich bin ein Sünder. Denn er und alle seine Begleiter waren erstaunt und erschrocken, weil sie so viele Fische gefangen hatten; ebenso ging es Jakobus und Johannes, den Söhnen des Zebedäus, die mit Simon zusammenarbeiteten. Da sagte Jesus zu Simon: Fürchte dich nicht! Von jetzt an wirst du Menschen fangen. Und sie zogen die Boote an Land, ließen alles zurück und folgten ihm nach.

Petrus hat in dem Wunder Jesus als den Herrn erkannt. Bis jetzt hatten viele Menschen Jesus getroffen. Sie waren neugierig, überlegten eine Weile, zögerten, dachten »ja«, meinten »nein«, und die meisten gingen weiter. Wenige waren ihm wirklich begegnet. Mit kleinen Leuten sich abgeben, ist nicht schwer; doch einem wahrhaft großen Menschen zu begegnen, erfordert Mut. Für Petrus war das der engste Kontakt mit Jesus, den er je gehabt hatte. Von Furcht überwältigt, war seine unmittelbare Reaktion, sich zurückzuziehen. Wie der Prophet Jesaja, wurde sich Petrus in Gegenwart des Allheiligen des unerträglichen Kontrastes bewußt: »Weh mir, ich bin verloren. Denn ich bin ein Mann mit unreinen Lippen und lebe mitten in einem Volk mit unreinen Lippen, und meine Augen haben den König, den Herrn der Heere, gesehen« (Jes 6,5). Sowohl der Prophet als

auch der Apostel bezeugen ihre Sündhaftigkeit, doch eigentlich mehr noch die Heiligkeit des Herrn.
Der Schock und der Schauder im Angesicht des Heiligen stellen sich am Ende dieser Perikope ein, doch sie sind eigentlich der Beginn, wo ein neues Leben anfängt. »Und sie zogen die Boote an Land; ließen alles zurück und folgten ihm nach.« Das Wunder veranschaulicht, was Berufung und Sendung ist, besser, Berufung und Sendung sind vielmehr das eigentliche Wunder. Berufung ist eine Einladung zu etwas, das uns übersteigt. Eine heilige Furcht liegt in ihr, die uns jedoch nicht blind macht, sondern uns Gottes Kraft in unserer Schwachheit erkennen läßt, so daß wir unsere Sendung wagen. Sie ist eine Ehrfurcht, aus der ungesunde Furcht herausgefiltert ist, während das Bewußtsein der göttlichen Gegenwart weiterwirkt in unserem Leben und Werk.
Das geschah Abraham und Mose, Elija und Jesaja und allen anderen Männern und Frauen Gottes. Ja, es gibt keine göttliche Sendung, die nicht mit einer solchen von heiliger Furcht erfüllten Begegnung anfängt. Dieses Eintauchen in den »Ganz-Anderen«, dieses Nahesein dem Geheimnis des allheiligen Gottes macht uns zu neuen Menschen. Saul wird eine ähnliche Erfahrung auf dem Weg nach Damaskus geschenkt werden und nach ihm noch vielen Menschen. Es geschieht in einem plötzlichen, überwältigenden Augenblick oder während einer längeren Wüstenperiode. Zuweilen sehnt sich der Mensch bewußt danach, doch es kann ihn auch völlig überraschend treffen. Für viele waren in die Tiefe gehende Exerzitien der Anstoß.
Diese tiefe innere Erfahrung kann jedoch nicht auf dem Grund ihres Herzens verborgen bleiben. Es zeigt sich in ihrem Verhalten und in ihrer Lebensweise und macht sie zu beredten Zeugen dessen, was sie von Gott erahnt haben. Wenn wir es eine Weihe nennen, dann ist es nicht so sehr eine Weihe *für* eine Sendung, sondern eine Weihe, die selbst Sendung *ist.* Anbetung und Apostolat sind keine Gegensätze, sie gehen Hand in Hand, ja, sie setzen einander voraus. Karl Rahner hatte die Kühnheit, klipp und klar zu sagen: »Der Fromme von morgen wird ein ›Mystiker‹ sein, einer, der etwas ›erfahren‹ hat, oder er wird nicht mehr sein.«[1]

Jeder Christ hat seinen besonderen Auftrag, mag er im Arbeitsprozeß stehen oder arbeitslos sein, eine angesehene Stellung bekleiden oder eine unscheinbare Arbeit verrichten, seine Talente voll einsetzen können oder krank oder pensioniert sein. In diesem Alltag muß etwas von dem, was er »erfahren« hat, aufleuchten, und gerade das gibt eben diesem Alltag apostolische Zeugniskraft. Das gilt auch und vor allem für diejenigen, die ihr Leben in den Dienst des Apostolates gestellt haben, und an ihnen wird es besonders deutlich. Vor allem die jüngere Generation schaut auf den Christen und schätzt in ihm das, was mehr ist als seine berufliche Kompetenz; allein dieses »mehr« macht das Christentum überzeugend. Ein indischer Bischof, zuvor Lehrer an einem Kolleg, sagte, daß er in den Augen seiner Studenten ein kompetenter Lehrer gewesen war und ein Berater, dem man vertraute, doch nicht genug Zeuge für Gott. Von den tausend Studenten waren 60 katholisch. Sie schätzten ihren Lehrer und suchten ihn auf, wenn es um ihre Schul- und Lebensprobleme ging, doch dreizehn seiner besten katholischen Studenten pflegten einen frommen Hindu aufzusuchen, »um bei Gott zu sitzen«. Er schloß: »Ich verwies nicht genug auf Gott.« Doch ist das das Eigentliche jedes Apostolats.

»Fürchte dich nicht.« Das Wort Gottes, das aufbaut und niederreißt, heilt und ermutigt auch. Von nun an gründet sich der Mut der Menschen, die das erfahren haben, auf etwas Neues: auf die unergründliche Hoheit und Verläßlichkeit unseres Gottes. Sie anerkennen ihre Abhängigkeit und finden in ihr Sicherheit. Sie vertrauen sich Gott an und lassen Gottes Kraft durch sich wirken. Sie geben sich hin, hundertprozentig, doch unter Gottes Ansporn. Eine solche Aufgabe geben sie sich nicht selbst; es ist nicht ein Beruf, den sie sich selbst wählen – sie werden berufen und gesandt. Die Apostel verließen dafür alles. Vielleicht ist das »alles« in ihrem Fall nicht viel. Doch »alles« ist eben alles, was man geben kann, und das ist immer viel. Alles verlassen, um dem Herrn zu folgen, ist noch immer der entscheidende Schritt in einer Berufung zum apostolischen oder kontemplativen Leben. Wer einmal ehrlich ja dazu gesagt hat, muß sich immer wieder aufs neue fragen (lassen): Was ist aus diesem Ja geworden?

Im Nachtrag des Johannes-Evangeliums finden wir eine Parallel-Erzählung. Man kann leicht ein Dutzend einschlägiger Einzelheiten finden, die beiden Berichten gemeinsam sind. Der Hauptunterschied ist selbstverständlich, daß hier das Wunder und die Sendung *nach* der Auferstehung stattfinden. Es ist, als ob der Beginn der Berufung des Petrus wiederholt würde, jedoch im Zusammenhang neuer Erfahrungen. Unter ihnen stehen an erster Stelle Tod und Auferstehung des Herrn. Ferner hat sein dreifacher Verrat für Petrus persönlich auch eine Wirkung gehabt, die tiefe Spuren hinterließ. Es ist eine Wunde, schmerzlicher vielleicht in Petrus als in Jesus. Wenn er zum Ursprung seiner ersten Berufung, dem wunderbaren Fischfang, zurückkehrt, so ist das gemeint als eine Heilung und Stärkung – eine erneute Sendung. Es ist durchaus kein identisches Abspielen einer alten Platte, vielmehr ein Vertiefen der Erfahrung unter verschiedenen Umständen und eine Integration einiger wichtiger neuer Elemente. Enttäuschung über sich selbst hat ihn schmerzlich gelöst von mancher naiven Romantik seiner ersten Berufung. Die Vergebung des Herrn hat seine Vertrautheit mit Jesus vertieft und verinnerlicht: »Liebst du mich mehr, als diese mich lieben?« (Joh 21, 15). Es ist wichtig für Petrus, dieses Wachstum in Echtheit und Liebe auszusprechen. Dreimal darf er davon öffentlich Zeugnis ablegen, nicht so sehr als eine Genugtuung dem Herrn gegenüber, sondern vielmehr als Bestätigung seiner Liebe und Heilung seines Traumas. »Herr, du weißt alles, du weißt, daß ich dich liebe« (Joh 21, 17). Du weißt, daß Menschenrücksicht mich wankelmütig macht, doch du siehst auch, was in mir positiv ist. Es ist gut, daß du mich durch und durch kennst.

Ja, der Herr weiß alles. Das ist unsere Sicherheit, unsere Freude. Es ist ein gutes Fundament für den zweiten Ruf. Der Herr, der den Tod überwunden hat, kann auch unsere menschliche Schwäche überwinden. Wir dürfen uns ihm überlassen. Das ist eine gute Grundlage für den apostolischen Dienst. »Herr, du weißt, daß ich dich liebe« (Joh 21.15–16) – in dieser Haltung kann alles, was gut ist, wachsen.

Wir danken dir, Vater,
daß du zu uns
das Wort des ewigen Lebens gesprochen
und uns deinen Sohn zu unserem Bruder gegeben hast.
Er spricht uns deine Liebe zu
und gibt ihr Fleisch und Blut in seinem eigenen Leben
und in dem unseren.
Wir, die wir uns Christen nennen,
sind gesandt, das Leben Christi fortzusetzen
in unserem Leben.
Die Welt braucht Männer und Frauen,
die es fertigbringen, deinen Namen offen zu bekennen
und deinen Sohn zu bezeugen.
Darum bitten wir dich, Vater, schütze und erneure unsere Berufung,
so daß wir treu sind dem Namen, den wir tragen,
und taugliche Zeugen für dein Reich,
heute und alle Tage und in Ewigkeit. Amen.

Achtes Kapitel

Der Stein, den die Bauleute verwarfen

»Da verließen ihn alle Jünger und flohen« (Mt 26,56). Dieser kurze Satz bezeichnet einen Wendepunkt in der Passion Jesu; von nun an ist Jesus der Gesellschaft seiner Freunde beraubt und einem gegnerischen, feindseligen Volk ausgeliefert. Es ist auch ein Wendepunkt im Leben der Jünger. Das heißt nicht, daß sie nicht mehr an ihn glauben, nein, sie glauben noch immer an ihn, doch ihr Glaube ist ein begrenzter Glaube; jetzt hat er die Grenze erreicht, und sie wählen einen anderen Weg. Daß sie ihn im Stich lassen, heißt auch nicht, daß sie ihn nicht mehr lieben, nein, sie lieben ihn immer noch sehr, doch sie lieben etwas anderes, namentlich ihre eigene Sicherheit, noch mehr. Dieses andere steht jetzt definitiv auf dem Spiel und ändert die Richtung, die sie verfolgen. Jede vorsätzlich gezogene Grenze in der Hingabe an den Herrn muß zwangsläufig irgendwie zum Verrat führen.

Die letzte Behauptung scheint nicht nur auf die persönliche Bindung eines Menschen an den Herrn zuzutreffen, sondern auf jede Beziehung – offenbar eine Binsenwahrheit. Mag sein, doch dann müssen wir berücksichtigen, daß eine Grenze in unserer Bindung an Jesus ganz anders geartet ist als eine solche in jeder anderen Bindung. Wer würde es wagen, die einzigartige Forderung zu stellen, die Jesus stellte, wenn er sagt: »Wer nicht für mich ist, der ist gegen mich; wer nicht mit mir sammelt, der zerstreut« (Mt 12,30)? Wenn wir ernstlich danach streben, der anspruchsvollen Forderung des Herrn zu entsprechen, bringt es uns in etwa aus der Fassung, wenn wir entdecken, daß die beiden anderen Synoptiker Jesus fast das genaue Gegenteil in den Mund legen: »Wer nicht gegen uns ist, der ist für uns« (Mk 9,40), und: »Wer nicht gegen euch ist, der ist für euch« (Lk 9,50). So verwirrend und widersprüchlich das erscheinen mag, so sind die drei Sätze doch sinnvoll, wenn wir merken, daß bei der unduldsamen Version das Pronomen im Singular steht, das heißt »mich« und sich also auf Jesus allein bezieht; die beiden weitergefaßten Versionen haben währenddessen den Plural, das heißt »uns« und »euch«, und sie beziehen sich auf die Gemeinschaft der Jünger (und auf die Kirche). In der Behauptung: »Wer nicht für mich ist, der ist gegen mich« beansprucht Jesus für sich eine einzigartige Stellung: in bezug auf ihn ist ein Kompromiß unmöglich. In allen menschlichen Situationen ist ein solcher gewöhnlich wohl möglich und oft ratsam, da wir es hier mit endlichen Werten zu tun haben. Bei Jesus ist das jedoch anders: wer mit ihm einen Kompromiß schließt, hat bereits einen anderen Wert auf die gleiche Ebene gestellt und so seine Souveränität verleugnet.

Diese Verallgemeinerungen werden nun in unseren Erwägungen über Jesu Gerichtsverhandlung vor Pontius Pilatus konkret. Hier können wir keine Außenstehenden bleiben, wir müssen Beteiligte werden. Zu diesem Zweck brauchen wir uns nur zu vergegenwärtigen, daß die Verhandlung über Jesu Person noch immer im Gange ist. Die Scheidelinie zwischen den beiden Parteien des Prozesses verläuft nicht einfach zwischen Ost und West oder zwischen Konservativen und Progressiven, auch nicht zwischen der Konsumgesellschaft und der Dritten Welt. Die Trennungslinie geht geradewegs durch uns selbst, direkt durch unser eigenes Herz. Ein Blick auf Jesus in »seiner Stunde« kann unsere Wahlentscheidungen klären. Die Wahrheit Gottes – als zerstörende Macht, wenn wir uns ihr widersetzen; als befreiende Macht, wenn wir uns ihr öffnen – tritt hier für den, der sehen will, klar hervor. Schauen wir den lebenden, dem Tod ausgelieferten Jesus, gewinnen wir eine lebendigere Einsicht in die Doppelfunktion der einen und ewigen Wahrheit; dann kann unser Leben tiefer hineingeführt werden in die lebenspendende Wahrheit.

Jesu Todesurteil, das der Sanhedrin gefällt hatte, mußte vom römischen Statthalter bestätigt werden. So brachten die Priester und Schriftgelehrten Jesus bei Tagesanbruch vor Pilatus. Johannes stößt uns geradewegs hinein in die krasse Zweideutigkeit der Szene, wenn er schreibt: »Sie selbst gingen nicht in das Gebäude hinein, um nicht unrein zu werden, sondern das Paschalamm essen zu können« (Joh 18,28). Es klingt nahezu unglaublich, diese Verbindung von blindem Haß und einer bis ins kleinste gehenden Beobachtung äußerlicher Riten. Der Buchstabe des Gesetzes wird sorgfältigst erfüllt, während gleichzeitig ein gerechter Mensch durch einen Scheinprozeß mit seinem bereits feststehenden Urteilsspruch zu Tode gebracht wird. Wie treffend hat Jesus einmal die Scheinheiligkeit dieser Menschen beschrieben:

> Weh euch, ihr Schriftgelehrten und Pharisäer, ihr Heuchler! Ihr gebt den Zehnten von Minze, Dill und Kümmel und laßt das Wichtigste im Gesetz außer acht: Gerechtigkeit, Barmherzigkeit und Treue. Man muß das eine tun, ohne das andere zu lassen. Blinde Führer seid ihr: Ihr siebt Mücken aus und verschluckt Kamele. Weh euch, ihr Schriftgelehrten und Pharisäer, ihr Heuchler! Ihr haltet Becher und Schüsseln außen sauber, innen aber sind sie voll von dem, was ihr in eurer Maßlosigkeit zusammengeraubt habt (Mt 23,23–25).

Wie können wir Menschen uns doch an der eigenen Nase herumführen! Wie schwer ist es, unser Pharisäertum zu durchbrechen. Wie viele Menschen glauben allen Ernstes, daß sie ehrlich sind und erkennen nicht die Doppelzüngigkeit ihres Denkens und Verhaltens. Von der Psychoanalyse her macht Erich Fromm die Feststellung, es sei sehr wohl möglich, daß ein Mensch ehrlich an das glaubt, was er sagt, und doch nicht aufrichtig ist:

> Ein Mensch kann glauben, daß er aus Gerechtigkeitsgefühl handelt, und doch von Grausamkeit angetrieben werden. Er kann wähnen, von Liebe erfüllt zu sein und in Wahrheit masochistische Abhängigkeit begehren. Jemand kann sich von Pflichtgefühl geleitet glauben, während seine Triebfeder Eitelkeit ist.[1]

Religiöse Observanz kann sehr wohl dazu dienen, Ungerechtigkeit, Neid, Selbstbehauptung und dergleichen zu vertuschen. Wir können uns auf Kleinigkeiten konzentrieren und dem Eigentlichen entfliehen. In unserer Wohlfahrtsgesellschaft können wir leidenschaftlich gegen (wirkliche!) Ungerechtigkeiten kämpfen und dabei die himmelschreiende Ungerechtigkeit der Unterernährung und Armut auf Weltebene vergessen. Befriedigende Dienste können uns dazu bringen, grundlegendere Pflichten zu vernachlässigen. Der Mensch ist so kompliziert, und das Evangelium ist so einfach. Denen, die reinen Herzens sind, verspricht es die Gottesschau.

Kehren wir zur Gerichtsszene zurück, so sehen wir Pilatus aus seinen Gemächern schreiten, um zu den Mitgliedern des Sanhedrin zu sprechen. »Welche Anklage erhebt ihr gegen diesen Menschen? Sie antworteten ihm: Wenn er kein Übeltäter wäre, hätten wir ihn dir nicht ausgeliefert« (Joh 18,29–30). Die Anklage vor dem Sanhedrin hatte auf Blasphemie gelautet: Jesus hatte sich in zwei sehr eindeutigen und herausfordernden Stellen aus dem Alten Testament selbst den Sohn Gottes genannt (Mt 26,63–66). Es war kaum zu erwarten, daß die Anklage, da sie religiöser Natur war, Pilatus beeindrucken würde. So denken sich die Führer einen anderen Grund aus – sie nennen Jesus einen Verbrecher. Die pedantische Genauigkeit, was rituelle Unreinheit angeht, erstreckt sich nicht auf die Aufrichtigkeit der Beweisführung. Daß Jesus sterben muß, ist eine ausgemachte Sache, doch die Argumente können je nach den Umständen variieren. Wie unfair das auch sein mag, ich erkenne dieses chamäleonartige Verhalten aus meiner eigenen Erfahrung wieder.

Pilatus geht in das Prätorium zurück und läßt Jesus rufen. Pilatus war die höchste Obrigkeit, und Jesus steht vor ihm, um seine Fragen zu beantworten. Die Antworten Jesu sind jedoch so überraschend, daß sich die Rollen sehr bald vertauschen. Von jetzt an ist es *Pilatus*, der vor *Jesus* steht. Jesus bittet ihn um eine Antwort: Er muß wählen zwischen einem Für oder Gegen Jesus; jetzt gibt es kein Sowohl-Als-auch. Pilatus schaut Jesus an und sieht sich selbst, widergespiegelt in den Augen Christi, des Sohnes Gottes. Er ist dieser Begegnung nicht gewachsen. Als römischer Verwaltungsbeamter hohen Ranges hatte er nicht unbeträchtliche diplomatische Erfahrungen, doch das hier geht über seinen Verstand. Kompromisse zu schließen, darin war er geschult und erfahren, doch daß Kompromisse mit dem Sohn Gottes unmöglich sind, mußte er noch lernen. Er faßt das Dilemma klar in Worte: »Weißt du nicht, daß ich

Macht habe, dich freizulassen, und Macht, dich zu kreuzigen?« (Joh 19,10). Der Satz ist sicher ein Tribut an die Präzision der Sprache der Römer – es hätte nicht knapper und genauer gesagt werden können! Zwischen diesen beiden Alternativen muß er eine Wahl treffen. Krampfhaft sucht er nach einer dritten Möglichkeit; doch es gibt keine. Zum erstenmal in seiner Karriere läßt ihn seine Sachkenntnis im Erfinden von Zwischenlösungen im Stich. Jetzt steht er vor dem Absoluten und wird auf tragische Weise erfahren, daß in diesem Fall jeder Kompromiß verhängnisvoll ist.

Pilatus ist bereit, etwas für Jesus zu tun, jedoch nicht alles, und in Wirklichkeit tut er nichts für ihn. Er möchte nur den halben Weg gehen, nicht den ganzen, und er kommt zu nichts. Er möchte Jesus retten, der nach seiner Meinung ein gerechter Mensch ist, und er möchte seinen guten Ruf in Rom nicht aufs Spiel setzen. Jesus ist das Opfer dieses Auf-beiden-Schultern-Tragens. »Gutes wird nur getan auf Kosten derer, die es tun«, sagte Newman. Pilatus ist nicht bereit, den vollen Preis zu zahlen für das Gute, das er tun möchte, und so tut er großes Unrecht.

Zweimal fragt Pilatus Jesus, ob er ein König sei oder nicht. Ja, er ist es, doch sein Königreich ist nicht von dieser Welt. Er ist ein König im absoluten Sinne des Wortes. Er fordert ein ganzes »Ja«, und alles übrige ist ein »Nein«. Simeon hatte Maria, als er sie segnete, bereits gesagt: »Dieser ist dazu bestimmt, daß in Israel viele durch ihn zu Fall kommen und viele aufgerichtet werden, und er wird ein Zeichen sein, dem widersprochen wird. Dadurch sollen die Gedanken vieler Menschen offenbar werden« (Lk 2,34–35). Später wird Jesus selbst in der Bergpredigt sagen: »Geht durch das enge Tor! Denn das Tor ist weit, das ins Verderben führt, und der Weg dahin ist breit, und viele gehen auf ihm. Aber das Tor, das zum Leben führt, ist eng, und der Weg dahin ist schmal, und nur wenige finden ihn« (Mt 7, 13–14). Jeder Versuch, den engen Pfad, auf dem uns Jesus führt, breiter zu machen, ist ein Verrat an seinem Königtum.

Jesus vor Pilatus steht da als eine lebendige Frage, die einem jeden von uns gestellt ist – was wählst du? Mit den Worten des heiligen Ignatius: »Was habe ich für Christus getan? Was tue ich für ihn? Was werde ich für ihn tun?« *Das* Werk, das Gott von einem jeden von uns verlangt, ist, an den zu glauben, den er gesandt hat (Joh 6,29). Ab und zu stachelt uns Gott an, den entscheidenden Schritt auf gerade dieses Werk hin zu tun. Er scheucht unsere Selbstsicherheit ein wenig auf. Zweifel erheben sich, ob wir wirklich den Forderungen unseres Glaubens und unserer Berufung entsprechen. Plötzlich wissen wir ganz klar und sicher, daß das, was wir unsere Liebe nennen, vermischt ist mit einem subtilen Hang, den anderen für uns zu beanspruchen. In einem flüchtigen Augenblick ahnen wir, daß in unseren apostolischen Bemühungen tatsächlich große Selbsthingabe steckt, doch daß sie gleichzeitig dazu dienen, das zu vertuschen, was wir zu geben verweigern. In einem Aufblitzen sehen wir, daß unser Gebetsleben alles andere ist als ein persönliches Verhältnis zu Gott und zu Dem, den er gesandt hat. Diese Augenblicke sind Anregungen, unsere selbstgefällige Mittelmäßigkeit zu überschreiten und uns ganz aufzutun. Der Preis ist hoch, doch er ist es wert, bezahlt zu werden. Ein hochherziger Glaube an Jesus als den Herrn ist lebenspendend und fruchtbar; er erzeugt einen neuen Lebensstil, der das Reich Gottes aufbaut. Verweigerung ist verhängnisvoll, ein Kompromiß unmöglich.

Jesus gibt dem Prokurator einen wichtigen Fingerzeig auf sein Königtum; doch das ist bei dem feigen Pilatus verlorene Mühe: »Ich bin dazu geboren und dazu in die Welt gekommen, daß ich für die Wahrheit Zeugnis ablege« (Joh 18,37). Wahrheit meint hier, wie immer in der Schrift, das Letzte, den Fels, auf dem wir unser Leben aufbauen können, die Verläßlichkeit der Liebe Gottes für uns, so wie wir sind. Der einzige Zweck des Lebens Jesu ist, uns zu überzeugen von der Zuverlässigkeit der Liebe des Vaters. Das Königtum Jesu ist nichts weiter als diese Liebe, verwirklicht in unserer Welt. Dann, wenn wir glauben, daß wir von Gott geliebt werden auf persönliche, tiefe, unbedingte und nie endende Weise, ist das Leben Jesu für uns nicht vergeblich gewesen.

Ehrlichkeit läßt Jesus eine wichtige Bemerkung hinzufügen: »Meine Königsherrschaft ist nicht von dieser Welt. Wenn mein Königtum von dieser Welt wäre, würden meine Leute kämpfen, damit ich den Juden nicht ausgeliefert würde. Aber mein Königtum ist nicht von hier« (Joh 18,36). Jesus hatte seine Jünger in der gleichen Weise gewarnt, damit sie wissen, was es heißt, sich für ihn zu entscheiden: »Wenn die Welt euch haßt, dann wißt, daß sie mich schon vor euch gehaßt hat. Wenn ihr von der Welt stammen würdet, würde die Welt euch als ihr Eigentum lieben. Aber weil ihr nicht von der Welt stammt, ... haßt euch die Welt. Denkt an das Wort, das ich euch gesagt habe: Der Sklave ist nicht größer als sein Herr. Wenn sie mich verfolgt haben, werden sie auch euch verfolgen« (Joh 15, 18–20). Nachdem er viel »Schmach erduldet hat um des Namens willen«, kann Petrus in seinem ersten Brief schreiben: »Wenn ihr wegen des Namens Christi beschimpft werdet, seid ihr seligzupreisen, denn der Geist der Herrlichkeit, der Geist Gottes, ruht auf euch« (4, 14). Es ist ohne Zweifel wahr, daß Treue zu Jesus uns Leiden eintragen wird. Es ist aber ebenso wahr, daß dieses Leiden tiefe Vertrautheit mit ihm schaffen kann. Sie nimmt den Schmerz nicht hinweg, trägt jedoch eine unaussprechliche Freude in sich. Sie macht unser Leben auf seine Weise außerordentlich fruchtbar.

Pilatus probiert nacheinander vier Versuche eines Kompromisses aus. Jeder von ihnen verschärft stufenweise die Verwirrung und Grausamkeit. Zuerst bemüht er sich, den ganzen Fall auf Herodes abzuschieben und ihn die Entscheidung fällen zu lassen; Galiläa gehörte ja zu dessen Zuständigkeitsbereich, und außerdem war der Tetrarch gerade über das Paschafest in Jerusalem. »Herodes freute sich sehr, als er Jesus sah; schon lange hatte er sich gewünscht, mit ihm zusammenzutreffen; denn er hatte von ihm gehört. Nun hoffte er, ein Wunder von ihm zu sehen« (Lk 23,8). Herodes scheint zu der Sorte Menschen zu gehören, die die Religion als ein Hobby betreiben. Er hatte sich immer für fromme Leute interessiert und für Wundertäter. Früher hatte er einen bemerkenswerten Kontakt mit Johannes dem Täufer unterhalten, den er in seinem Gefängnis festhielt. Von Zeit zu Zeit ging er dort den Propheten besuchen: »Sooft er mit ihm sprach, wurde er unruhig und ratlos, und doch hörte er ihm gern zu« (Mk 6,20). Diese Liebe-Haß-Beziehung hatte ihn nicht davon zurückgehalten, den letzten Propheten enthaupten

zu lassen, als er auf einer Geburtstagsfeier in eine etwas peinliche Lage geraten war. Doch glücklicherweise hatte dieser bedauernswerte kleine Zwischenfall sein religiöses Interesse nicht geschmälert.
Seine Hofhaltung war weltlich, oberflächlich, leichtsinnig: la dolce vita! Sein sexuelles Leben war ein direkter Skandal; seine Verwaltung äußerst selbstsüchtig und grausam. Und doch brachte er es fertig, all das zu verbinden mit einer religiösen Liebhaberei. Herodes beweist, daß es möglich ist, sein Gewissen zum Schweigen zu bringen. Wenn ich nur lange genug übe, kann ich mein Gewissen narkotisieren. Das Ergebnis ist moralische Schäbigkeit, doch habe ich keine Schwierigkeit, das als *Lebensklugheit* zu betrachten. Nach einer Weile sehe ich die Verbogenheit eines solchen Lebens nicht mehr.
Die Einsicht, daß Wunder nicht einfach sensationelle Ereignisse sind, sondern Glauben voraussetzen, war für das Amateurentum des Herodes zu hoch. Für Jesus sind Herodes und sein Hof eine tote Welt, die er ignoriert. Hier spricht er nicht ein einziges Wort, tut auch nicht das Geringste. Die Sehnsucht nach Gott, nach Liebe und nach Wahrheit sind in diesem Kreis erstickt. Jesus ist hier einfach nicht am Platz. Weil sie der Kraft seines Schweigens nicht gewachsen sind, behandeln Herodes und seine Freunde Jesus schließlich wie einen Narren; mit Spott und Verachtung und einem prächtigen Gewand schicken sie ihn zurück. Nicht jeder, der mit Jesus zusammentrifft, begegnet ihm auch wirklich.
Nicht allein Herodes ist von diesem Ergebnis enttäuscht, sondern auch Pilatus. Jesus steht wieder vor ihm – eine lebende Frage, der keine halbe Antwort genügt. Als schlauer Staatsmann hat Pilatus schnell eine andere Lösung gefunden. Es war gebräuchlich, daß der Prokurator zur Zeit des Paschafestes einen Gefangenen freiließ. Er wird die Gelegenheit benutzen, die Juden die Freilassung wählen zu lassen. Dann brauchte er keinen Urteilsspruch zu fällen und doch wäre Jesus frei. Er zählt auf die Masse, die Jesus ohne Zweifel als einen der Ihrigen betrachtet. Doch Pilatus hat falsch spekuliert. Die Menge fordert die Freilassung des Barabbas, eines Terroristen, der einen Mord begangen hatte. Für Jesus wird die Lage sehr schmerzlich. Wie

viele dieser Menschen hatten ihn vor einigen Tagen mit ihren Hosannarufen willkommen geheißen, als er in Jerusalem einzog, und ihre Kleider auf den Weg gebreitet! Wie vielen von ihnen hatte er mit Wort und Tat geholfen! Die Feigheit des Pilatus und der Wankelmut der Menge machen den letzten Platz für Jesus nicht bloß zu einer Redewendung, sondern zu einer blutigen Realität.

»Darauf ließ Pilatus Jesus geißeln« (Joh 19,1). Wir haben das Wort so oft gehört, und doch übersteigt das Grauen dieser Quälerei unsere Vorstellung. Die Juden beschränkten die Züchtigung auf vierzig (weniger einen) Geißelhiebe; die Römer kannten keine feste Grenze. Der völlige Mangel an Gerechtigkeit ist in der Fassung des Lukas geschickt verdeckt, wo Pilatus zu den Priestern und dem Volk diplomatisch sagt: »Ich selbst habe ihn in eurer Gegenwart verhört und habe keine der Anklagen, die ihr gegen diesen Menschen vorgebracht habt, bestätigt gefunden ... Ihr seht also: Er hat nichts getan, worauf die Todesstrafe steht. Daher will ich ihn nur auspeitschen lassen und dann werde ich ihn freilassen« (Lk 23, 14–16). Worte lassen sich dehnen, um ein höchst unfaires Zugeständnis an die öffentliche Meinung zu verdecken. Der oberste Richter hat die Kontrolle über die Situation verloren. Er hat sich an eine Stromschnelle gewagt, und nun reißt ihn die Strömung in Blitzesschnelle abwärts. Sein zögernder Kompromiß wandelt sich mehr und mehr in ein vollständiges »Nein«. Nach der Geißelung »flochten die Soldaten einen Kranz aus Dornen; den setzten sie ihm auf und legten ihm einen purpurroten Mantel um. Sie stellten sich vor ihn hin und sagten: König der Juden! Und sie schlugen ihm ins Gesicht« (Joh 19, 2–3). In dieser Zugabe der Soldaten spiegelt sich die weichliche Nachgiebigkeit ihres höchsten Vorgesetzten wider: Tu mit ihm, was du willst!

Der vierte und letzte Versuch des Pilatus, Jesus zu retten, ohne sich für ihn einzusetzen, ist schwach und entehrend. Er kommt wiederum heraus und sagt zu der Menge: »Seht, ich bringe ihn zu euch heraus; ihr sollt wissen, daß ich keinen Grund finde, ihn zu verurteilen. Jesus kam heraus; er trug die Dornenkrone und den purpurroten Mantel. Pilatus sagte zu ihnen: Seht, da ist der Mensch!« (Joh 19,4–5). Es klingt mutig, doch das Volk durchschaut die Fassade. Er hofft, das Volk zufriedenzustellen, wenn er den erniedrigten Jesus umherschleifen läßt, und rechnet darauf, daß es den Einhalt verlangt, den er selbst nicht anzuordnen wagt. Doch im Gegensatz zu den Priestern hat er keine Gewalt über die Menge. Sie reagiert mit dem eisigen Schrei: »Kreuzige ihn, kreuzige ihn!« Natürlich gibt Pilatus nochmals nach. »Da lieferte er ihnen Jesus aus, damit er gekreuzigt würde« (Joh 19,16). Wir werden niemals imstande sein, uns voll und ganz in Jesus einfühlen zu können, als seine letzte Hoffnung in einer solch gemeinen Weise zunichte gemacht wurde. Jesus erfuhr jeden einzelnen Schritt des einen Kompromiß suchenden Pilatus als zunehmend schändliche Ungerechtigkeit und eine immer grausamere Quälerei. Der Höhepunkt ist in einigen Stunden erreicht. »Wer nicht für mich ist, der ist gegen mich ...« (Mt 12,30). Für andere mag es länger dauern, die Wahrheit dieses Satzes, der über das Gewöhnliche hinausgeht, zu entdecken, doch früher oder später wird sie immer zutreffen.

Seine abgründige Feigheit hindert den römischen Diplomaten nicht daran, eine Schaustellung zu liefern, nicht schlecht in sich selbst, doch hier sicherlich fehl am Platz. Nachdem er immer und immer wieder in seiner Verantwortung, die er zu Beginn so gut formuliert hatte (»Ich habe Macht, dich freizulassen, und habe Macht, dich zu kreuzigen«), versagt hatte, lädt er jetzt öffentlich die Verantwortung anderen auf. Es ist eine hohle und unaufrichtige Geste. Niemand kann die Wahlentscheidung für oder gegen Jesus auf einen anderen abschieben. »Pilatus ließ Wasser bringen, wusch sich vor allen Leuten die Hände und sagte: Ich bin unschuldig am Blut dieses Menschen. Das ist eure Sache!« (Mt 27,24). Welch niedriges Spiel er spielt! Welch hohen Preis muß der Herr dafür bezahlen!

Gott unser Vater,
Jesus, dein Sohn, ist die Erfüllung aller deiner Versprechen.
Er war nicht sowohl »Ja« als auch »Nein«;
er war nie etwas anderes als »Ja«.
Seine Treue führte ihn in den Tod,
in den Tod an einem Kreuz.

Wir versprechen,
uns ihm ganz anheimzugeben.
Und wir beten,
daß er, von der Erde erhöht,
uns an sich ziehe
und uns fähig mache,
unser uneingeschränktes und unzweideutiges »Ja«
für ihn zu leben, in dem alles seine Vollendung findet,
und für dich, die Quelle alles Lebens und aller Liebe,
heute und alle Tage und in Ewigkeit. Amen.

Neuntes Kapitel

Die Taufe des Kreuzes

Um zur Gottesoffenbarung, wie sie sich im Kreuzestod Jesu ereignet, durchzustoßen, wollen wir zunächst den Kreuzestod als die eigentliche Taufe Jesu betrachten. Auch wir sind durch unsere Taufe in dieses Geheimnis hineingenommen, denn die Gnade der Taufe besteht vor allem in einem Teilhaben am Tod und am neuen Leben Jesu. Der authentische Prototypus unserer Taufe ist nicht die Taufe Jesu im Jordan, sondern das österliche Geschehen des Sterbens am Karfreitag, des Ruhens im Grab am Samstag und des Erstehens zu neuem Leben am Ostersonntag. Von hier muß die eigentliche Bedeutung unserer Taufe verstanden werden. Der alte Jerusalemer Katechismus lehrt deutlich:

> Niemand glaube, der Zweck der Taufe sei nur Nachlassung der Sünden und Verleihung der Sohnschaft, wie die Taufe des Johannes nur Nachlassung der Sünden wirkte. Man möge sich genau merken, daß die Taufe nicht nur von Sünden reinigt und die Gabe des Heiligen Geistes verleiht, sondern auch ein Abbild der Leiden Christi ist.[1]

Paulus ist in seinem Brief an die Römer sogar noch deutlicher:

> Wißt ihr denn nicht, daß wir alle, die wir auf Christus Jesus getauft wurden, auf seinen Tod getauft worden sind? Wir wurden mit ihm begraben durch die Taufe auf den Tod; und wie Christus durch die Herrlichkeit des Vaters von den Toten auferweckt wurde, so sollen auch wir als neue Menschen leben. Wenn wir nämlich ihm gleich geworden sind in seinem Tod, dann werden wir mit ihm auch in seiner Auferstehung vereinigt sein (6,3–5).

Die Taufe Jesu im Jordan ist eine Vorahnung seiner Taufe am Kreuz. Als er von Johannes getauft wurde, nimmt Jesus bewußt seine Sendung als Knecht Jahwes mit allem, was sie beinhaltet, an. Das ist der Grund, weshalb die Synoptiker, und mehr implizit auch Johannes, in ihrem Taufbericht die Gottesknechtslieder anführen, wie sie im zweiten Teil des Propheten Jesaja zu finden sind. Diese liefern das Szenar für die göttliche Bestimmungsverfügung des Vaters an den Sohn. Durch sie wird Jesus identifiziert als Der, den das Alte Testament erwartete. Der Geist schwebt über ihm, um ihn für seine Aufgabe zu salben. Drei Jahre später wird diese göttliche Sendung auf Kalvaria bis zum letzten vollzogen und die Taufe vollendet. Johannes der Täufer besteht demütig darauf, daß er nur mit Wasser tauft, und verweist auf eine viel wirksamere Taufe im Heiligen Geist und im Feuer (Lk 3,16; vgl. Apg 1,5). Die Taufe Jesu im Jordan ist »Realsymbol« = Zeichen, das die Wirklichkeit schon enthält, während die Kreuzigung eine verzehrende Wirklichkeit ist. Jesus betrachtet immer als seine eigentliche Taufe nicht die erste am Jordan, sondern die letzte auf Kalvaria: »Ich bin gekommen, um Feuer auf die Erde zu werfen. Wie froh wäre ich, es würde schon brennen! Ich muß mit einer Taufe getauft werden, und ich bin sehr bedrückt, solange sie noch nicht vollzogen ist« (Lk 12,49–50). Den ehrgeizigen Söhnen des Zebedäus sagt er: »Könnt ihr den Kelch trinken, den ich trinke, oder die Taufe auf euch nehmen, mit der ich getauft werde?« (Mk 10,38).

Am Jordan mischt sich Jesus unauffällig unter die Menge der Sünder, die ihr Bekenntnis ablegen und sich bekehren. Am Kreuz jedoch ist Jesus ausgesondert als ein Verbrecher, öffentlich und offiziell zum Gotteslästerer erklärt, der das Todesurteil verdient. Im Jordan teilt Jesus die Sünde und Schuld seines Volkes, das ihn zur Sünde macht (2 Kor 5,21); auf Kalvaria läßt die Sünde unbarmherzig all ihre vernichtenden Schrecken auf ihn los.

Die Taufe im Jordan zeigt, wer Jesus ist. Der Vater ist da in der Stimme, die vom Himmel her spricht. Auch der Heilige Geist ist aktiv gegenwärtig; er steigt in Gestalt einer Taube auf ihn herab. Doch die Taufe am Kreuz offenbart mit größerem Nachdruck, wer Jesus ist, als die Taufe am Jordan. Vor allem in der Interpretation des Johannes ist die Kreuzigung der Scheitelpunkt im Leben Jesu: »Wenn ihr den Menschensohn erhöht habt, dann werdet ihr erkennen, daß ich es bin« (Joh 8,28). In diesem Text nimmt Jesus den heiligen Namen, der Mose am

Horeb geoffenbart wurde, für sich in Anspruch und verkündet, daß dieser seine Rechtfertigung erfahren wird, wenn er am Kreuz stirbt. Das vierte Evangelium schaut das Kreuz als den ewigen Thron der Herrlichkeit Jesu: »Wie Mose die Schlange in der Wüste erhöht hat, so muß der Menschensohn erhöht werden, damit jeder, der (an ihn) glaubt, in ihm das ewige Leben hat« (Joh 3,14–15). »Wenn ich über die Erde erhöht bin, werde ich alle zu mir ziehen. Das sagte er, um anzudeuten, auf welche Weise er sterben werde« (Joh 12,32–33). Die berühmte Bemerkung des Pfarrers von Ars, daß das Kreuz das gelehrteste Buch sei, das ein Mensch lesen könne, ist eine volkstümliche, doch tiefe Variante dieser johanneischen Betonung.

Das Johannes-Evangelium spricht dem Tod Jesu eine außerordentliche Bedeutung zu – eine ebenso große wie der Auferstehung. Der Grund dafür liegt wahrscheinlich darin, daß in der weiterentwickelten Glaubensschau des Johannes die Einheit zwischen Tod und Auferstehung noch offensichtlicher geworden ist als bei den Synoptikern. So wird dem Blut und Wasser, das aus der durchbohrten Seite des gekreuzigten Herrn fließt, eine große Bedeutung zugesprochen: »Der, der es gesehen hat, hat es bezeugt, und sein Zeugnis ist wahr. Und er weiß, daß er Wahres berichtet, damit auch ihr glaubt. Denn das ist geschehen, damit sich das Schriftwort erfüllte: Man soll an ihm kein Bein zerbrechen. Und ein anderes Schriftwort sagt: Sie werden auf den blicken, den sie durchbohrt haben« (Joh 35–37). In der Sprache des Johannes meint »schauen« »sehen und verstehen«; so verweist es wiederum auf das Kreuz als die letzte Offenbarung dessen, wer Jesus ist, im Gegensatz zu der skizzenhaften Andeutung am Jordan.

Wenn die Kreuzigung eine solch deutliche Offenbarung des Sohnes Gottes ist, fühlen wir uns unwillkürlich veranlaßt zu fragen: Wo waren der Vater und der Heilige Geist während der Taufe am Kreuz? Das entwickelt sich rasch zu einer sehr unbequemen und tiefschürfenden Frage. Hatte der Vater seinen Sohn vergessen oder im Stich gelassen? Jesus starb, als er 33 Jahre alt war – unserer Meinung nach zu jung zum Sterben. Er wurde in einem äußerst unfairen Prozeß und durch eine höchst grausame Hinrichtung zu Tode gebracht und hatte doch kei-

nem ein Unrecht getan. Er hatte die ihm von seinem Vater anvertraute Sendung treu erfüllt. Er konnte ehrlich sagen, daß seine Speise der Wille des Vaters gewesen war und daß er immer das getan hatte, was dem Vater gefiel (Joh 4,34; 8,29). Und doch schien dieser selbe Vater, dem er so hochherzig gedient hatte, seinen Sohn jetzt vollständig zu ignorieren. Der Vater rührt keinen Finger, seinen Sohn vor seiner Marter zu retten. Er läßt ihn einfach schreien: »Mein Gott, mein Gott, warum hast du mich verlassen?« (Mt 27,46). Es kommt keine Antwort. Der Himmel schweigt. Wie kann Gott das zulassen? Was für ein grausamer Gott ist er – wenn es ihn überhaupt gibt!
Wir müssen unsere schmerzliche und kühne Frage weiterverfolgen. Jesus war nicht der einzige, der in seiner Todesangst keine Antwort erhielt; viele Menschen, die zu Gott gebetet und geschrien haben in ihrer Qual, haben das Gefühl daß auch sie nicht erhört worden sind. Wo war Gott in ihrer Not? Menschen haben in unerträglichen Leiden ihre Hände zu Gott erhoben, einzig um zu erfahren, daß sie in die Leere griffen. Wo war Gott? Menschen haben ehrlich gehofft, daß Gott sie erretten würde von Arbeitslosigkeit, Mißerfolg, Krebs, Ungerechtigkeit, Armut, vor dem Verhungern, der Einsamkeit, der Neurose, vor endlosen Zerwürfnissen, Krieg; doch sie haben keine Hilfe erhalten. Wo war Gott? »Mein Gott, mein Gott, warum hast du mich verlassen?«, das ist der Schrei zahlloser Menschen, die sich enttäuscht und betrogen fühlen. Sie haben gebetet, doch niemand hat sie gehört. Wo war Gott?
Die Frage ist sehr wirklich und echt. Wir müssen zugeben, daß die Antwort über unseren Verstand geht, daß wir uns in das Geheimnis Gottes hineinwagen. Und doch können wir die Frage nicht zum Schweigen bringen; sie springt uns an von den vielen Menschen her, deren Glaube darin untergegangen ist, und aus unserer eigenen Erfahrung. Das ist bei weitem die häufigste Schwierigkeit gegen den christlichen Gottesglauben. Gerade die Kreuzigung Jesu stellt die Frage in ihrer schärfsten Form. Er hatte nie etwas Böses getan. Er war seinem Vater vollkommen gehorsam und hatte jeden bis zum Äußersten geliebt. Warum greift Gott in seiner Todesnot nicht ein?
Angesichts des sterbenden Jesus müssen wir zunächst zugeben,

daß sich hinter dieser Frage eine Heuchelei verbergen könnte. Wir Menschen tragen die volle Verantwortung für seinen Tod, und jetzt fragen wir, warum Gott nicht eingegriffen hat. Während wir gewöhnlich sehr auf unsere Freiheit bedacht sind, versuchen wir nun plötzlich, die Verantwortung auf Gott zu schieben. Zweitens unterschiebt unsere Frage vielleicht auch leise, daß Gott das Leiden seines Sohnes zugelassen oder sogar gewollt hat; und so scheinen viele Christen tatsächlich zu denken. Vor Pilatus sagte Jesus mit Nachdruck, der Vater habe allein gewollt, daß der Sohn uns von der Verläßlichkeit des Vaters überzeuge. »Ich bin dazu geboren und dazu in die Welt gekommen, daß ich für die Wahrheit Zeugnis ablege« (Joh 18,37). Daß soviel Grausamkeit nötig war, um uns zu überzeugen, war nicht der Wille des Vaters, sondern das Ergebnis unseres Widerstandes gegen dessen Willen.

Die Güte Gottes ist wie ein breiter, voller Fluß, der stetig in unsere Welt fließt. Das Leben Jesu ist nichts weiter als die Inkarnation dieses Stromes der Güte. Diese Güte prallt auf das Böse und die Sünde dieser Welt, und das verursacht Schmerz und Leiden, Verachtung und Ungerechtigkeit. Als Jesus merkte, daß dies zu seiner Sendung gehörte, hat er all das angenommen, ohne zu versuchen, ihm auszuweichen. Die Passion Jesu ist der Zusammenprall zwischen Gottes Güte und der Verwerfung dieser Güte. Das Kreuz ist der Schnittpunkt der Liebe Gottes und der Verweigerung des Menschen. Jesus ist reglos an diesen Schnittpunkt geheftet. Der Thron der Gnade ist von jetzt an der Galgen des Kreuzes.

»Ich und der Vater sind eins« (Joh 10,30). In einer Vielzahl von Wendungen hat Jesus dieses innige Einssein immer und immer wiederholt. Es hat in der Passion nichts an seiner Wahrheit verloren. Reißen wir den Sohn nicht vom Vater los, denn das würde sein ganzes Sein und seine ganze Botschaft zerstören. Der Vater schwieg, tat nichts, so wie er auch stets das Böse in unserer Welt erträgt. Er reißt es nicht aus, er verdrängt es nicht, sondern tritt in seinem Sohn in das eigentliche Zentrum des Bösen und überwindet es so durch reine Liebe. Auf Kalvaria offenbart sich der Vater als Liebe, die alles Böse erträgt und es damit überwindet. Die Passion Jesu ist Gott in der Abwesenheit

Gottes, Gott, da wo man sich weigert, ihn Gott sein zu lassen. »Er hat den, der keine Sünde kannte, für uns zur Sünde gemacht« (2 Kor 5,21) und uns so von der Sünde befreit. Jesus stieg in die Hölle hinab und offenbarte so, daß Gottes Liebe stärker ist als das Böse und der Tod, und befähigte die Welt, den Heiligen Geist zu empfangen.

Der Vater blieb bei seinem Sohn in dieser dunkelsten Stunde. In der letzten äußeren und inneren Verlassenheit gilt noch immer Jesu Bestätigung: »Er, der mich gesandt hat, ist bei mir; er hat mich nicht alleingelassen, weil ich immer das tue, was ihm gefällt« (Joh 8,29). Doch es ist eine Liebe, die unser Verstehen übersteigt. Auch der hartherzigste Mensch hätte einem solchen Leiden seines Sohnes Einhalt geboten, wenn er es vermocht hätte.

> Meine Gedanken sind nicht eure Gedanken,
> und eure Wege sind nicht meine Wege – Spruch des Herrn.
> So hoch der Himmel über der Erde ist,
> so hoch erhaben sind meine Wege über eure Wege
> und meine Gedanken über eure Gedanken (Jes 55,8–9).

Das ist eine übermenschliche Treue unverkennbar göttlicher Dimension. In diesem Augenblick leuchtet die Wahrheit mehr denn sonst auf, daß Gott größer ist, als wir denken. Sein Schweigen ist für uns unbegreiflich, aber in seiner Unbegreiflichkeit ist das letzte Wort doch das seine: die glorreiche Auferstehung. Das ist die Antwort der Treue des Vaters auf den Schrei seines Sohnes. Der Vater hält seinen Sohn auf seine eigene göttliche Weise – kein Auge hat es gesehen, kein Ohr gehört, keinem Menschen ist es in den Sinn gekommen. Seine Liebe zu seinem Sohn ist alles übersteigend. Meinen wir doch nicht, daß der Vater nicht betroffen war von der Passion seines Sohnes. Die Furcht, Gott fälschlicherweise menschliche Eigenschaften zuzuschreiben, wenn man ihn für mitfühlend hält, hat zuweilen zu dem weit größeren Irrtum geführt, ihn gefühllos zu machen. Es stimmt, wir können nie angemessen über das Geheimnis, das wir Gott nennen, sprechen. Doch es stimmt auch, daß wir diese Unangemessenheit leicht noch verschlimmern, wenn wir dieses Geheimnis auf eine kalte, rationale

Weise angehen. Moderne Theologen sprechen vorsichtig, doch deutlich über ein Mit-Leiden des Vaters. »Wenn Gottes Vollkommenheit nicht Macht, sondern Liebe ist, dann gehört es zu Gottes Vollkommenheit, daß er leiden kann.«[2]

Der Vater war eins mit seinem Sohn, und das Leiden ist von diesem Einssein nicht ausgeschlossen. Kalvaria bedeutet einen gebrochenen Vater. Die Tradition der frühen Kirche und der Kirchenväter hat Abrahams Opfer des Isaak als ein Vorbild interpretiert. Das hilft uns, das Unverständliche ein wenig klarer zu sehen. Der einzige Sohn, der auf einzigartige Weise geboren wurde, auf den sich alle Hoffnung und Liebe des Vaters gründete, erklomm den Hügel, um als ein Ganzopfer dargebracht zu werden. Er selbst trug das Holz. Der Vater begleitete ihn durch seine ganze harte Prüfung; sie lastete auf dem Vater noch schwerer als auf dem Sohn.

Die Synoptiker sagen uns, daß Dunkelheit über das Land kam, als Jesus starb. Das ist mehr als einfach nur ein Wetterbericht vom meteorologischen Institut. Was heißt das in biblischer Sprache? Es könnte tiefe Trauer um einen einzigen Sohn ausdrücken, wie zum Beispiel in der Prophetie des Amos:

> An jenem Tag – Spruch Gottes, des Herrn –
> lasse ich am Mittag die Sonne untergehen
> und breite am hellichten Tag
> über die Erde Finsternis aus.
> Ich verwandle eure Feste in Trauer
> und all eure Lieder in Totenklage. ...
> Ich bringe Trauer über das Land
> wie die Trauer um den einzigen Sohn,
> und das Ende wird sein wie der bittere Tag des Todes (8,9–10).
> Weh denen, die den Tag des Herrn herbeisehnen.
> Was nützt euch denn der Tag des Herrn?
> Finsternis ist er, nicht Licht.
> Es ist, wie wenn jemand einem Löwen entflieht
> und ihn dann ein Bär überfällt; ...
> Ja, Finsternis ist der Tag des Herrn, nicht Licht,
> ohne Helligkeit ist er und dunkel (5,18–20).

Die Dunkelheit könnte auch die äußerste Finsternis der Verlassenheit Jesu bezeichnen. Oder vielleicht wird hier auf apokalyptische Weise der universale Widerhall des Todes Jesu aufgezeigt. Man kann hier auch ein alttestamentliches Motiv herauslesen, das göttliche Bestrafung ankündigt. Es kann auch – und das ist die von mir bevorzugte Interpretation – die ungewöhnliche Nähe Gottes zum Ausdruck bringen. Die Wolke ist stets das Zeichen der besonderen Gegenwart Gottes gewesen. Als Jesus starb, bedeckte die Wolke den Ort wie nie zuvor in der Heilsgeschichte, das heißt, Gott war nie zuvor so sehr anwesend.

Alles Böse in dieser Welt – gewolltes und ungewolltes – zusammengetragen, würde ein riesiges Gebirge bilden. Doch wie riesig das auch sein mag, Gott ist wie eine Kuppel, die größer ist und diese ganze grausige Masse überwölbt. Wie ein Regenbogen überspannt seine Treue das unermeßliche Elend. Er hat das letzte Wort und kann alles Böse doch noch in Gutes wandeln. Deshalb kann er es sich leisten, unsere Freiheit zu respektieren, der Natur ihren Lauf zu lassen und das Böse zuzulassen. Gerade im größten aller Übel hat Gott seine alles überragende Macht gezeigt, um das Gute in überreicher Weise wiederherzustellen. Das Kreuz ist die Menschheit auf dem Tiefpunkt des Bösen. Gleichzeitig ist es Gott auf dem Höhepunkt seiner Güte: Jesus vergibt seinen Peinigern, und der Vater weckt seinen gekreuzigten Sohn auf zur Herrlichkeit der Auferstehung.

Die Auferstehung von der Passion trennen zu wollen, wäre gleichbedeutend mit einer Zerstörung der Botschaft des Evangeliums. Die Gabe seiner selbst, die Jesus in seinem Tod darbrachte, wird vom Vater angenommen, und das *ist* die Verherrlichung. Die Gläubigen aller Zeiten haben eine Verbindung zwischen ihren Leiden und dem Kreuz Jesu gespürt – so sehr, daß das Wort Kreuz im christlichen Sprachgebrauch zum Ausdruck für menschliches Leid wurde. Christen haben gelernt, in der Verworrenheit ihrer Not auf das Kruzifix zu schauen. Das Mittelalter hatte seine Pestkreuze, an denen Jesus dargestellt war mit all den entstellenden Zeichen der Pest, so daß Menschen, die von dieser schrecklichen Epidemie angesteckt worden waren, Jesus als einen der Ihren erkennen konnten. In Konzentrationslagern, in Folterkammern und Todeszellen haben die Menschen bis zum heutigen Tag mit Holzkohle Kreuze auf Wände gezeichnet oder sie aus Stacheldraht geformt, um auf sie blicken zu können. Zahllose Menschen sind mit dem Kruzifix in den Händen gestorben und haben ihre Todesangst mit der Todesangst Jesu vereint. Das Kruzifix erklärt nichts, es weist über sich hinaus. Es ist keine Theorie, es bleibt ein Geheimnis, und seine Frucht ist eine Sache des reinen Glaubens. In der Tiefe seines Leidens kann der Mensch den Namen Gottes nicht heraufbeschwören; Gott kann ihm jedoch seinen Namen durch seinen leidenden Sohn anvertrauen.

Es war nicht bloßes Schicksal, das Jesus ans Kreuz genagelt hielt: »Deshalb liebt mich der Vater, weil ich mein Leben hingebe, um es wieder zu nehmen. Niemand entreißt es mir, sondern ich gebe es aus freiem Willen hin« (Joh 10,17–18). Zu Beginn der Passion erklärt Johannes feierlich, daß Jesus »wußte, daß ihm der Vater alles in die Hand gegeben hatte und daß er von Gott gekommen war und zu Gott zurückkehrte« (13,3). Satan schlägt Kapital aus diesem Bewußtsein in der Versuchung: »Wenn du Gottes Sohn bist, steig herab vom Kreuz!« (Mt 27,40). Jesus wurde ans Kreuz gebracht und blieb dort, weil er in einer Welt, die so wenig über Liebe weiß, die Liebe war, weil er töricht genug war, in einer grausamen und unbarmherzigen Welt zu lieben. Wir unterwerfen uns dem Tod gezwungenermaßen; er wollte ihn in der letzten Innigkeit der Liebe: »Es gibt keine größere Liebe, als wenn einer sein Leben für seine Freunde hingibt« (Joh 15,13).

Im Apostolischen Glaubensbekenntnis beten wir: »hinabgestiegen in das Reich des Todes«. Das letzte Wort ist eine Übersetzung des hebräischen Ausdrucks »Sheol«, Schattendasein, das nach jüdischer Auffassung einen Menschen nach seinem Tod erwartet. Die Juden verstehen es als einen verlängerten Tod, eine Abwesenheit aller Beziehungen, vor allem zu Gott. Es ist weniger als eine vegetative Existenz in äußerster Einsamkeit, wo Leben nicht mehr Leben genannt werden kann. Auch wenn wir nicht in allem dieses hebräische Verständnis teilen, bleibt doch wahr, daß der Tod für jeden wirklich die absolute Einsamkeit bedeutet.

Im Leben eines jeden von uns gibt es einen gewissen Anteil an Einsamkeit. Wir erfahren das als einen Widerspruch, da wir spüren, daß wir auf Gemeinsamkeit angelegt sind. Wir können uns etwas vormachen, um diese Einsamkeit zu leugnen, doch entfliehen können wir ihr nicht. Sie ruft in uns eine tiefverwurzelte Angst hervor. Diese Angst hat kein eigentliches Objekt; ich kann nicht genau ausmachen, wovor ich mich fürchte, und doch hat sie mich in ihrer Gewalt. Vielleicht sagt mir mein Verstand unumstößlich, daß kein Grund besteht, mich in einer bestimmten Situation zu fürchten, und doch kann mein Herz die Angst nicht loswerden. Müßte ich die ganze Nacht hindurch in einem Zimmer bei einer Leiche wachen, würde mir mein Verstand sagen, daß ich nichts zu fürchten hätte; es wäre denkbar, daß es zu Lebzeiten dieses Menschen einen Grund zur Beunruhigung gab, doch sicherlich nicht nach seinem Tod. Und doch kann es sehr wohl sein, daß ich mich nicht dazu bringen könnte. Vielleicht ginge es, wenn jemand, bei dem ich mich sicher fühle, bei mir wäre. Die letzte Bemerkung ist interessant; denn sie läßt durchscheinen, daß das, was ich in Wirklichkeit fürchte, die Einsamkeit ist. Einsamkeit ist das eigentliche Objekt der Angst.

Doch wie steht es in einer Lage, in der absolut niemand bei mir sein kann? Da gäbe es keinen Ausweg aus dieser Bedrohung. Genau das nennt das Alte Testament Sheol: Tod als absolute Einsamkeit. Keine Liebe kann hier hineindringen. In diese tödliche Einsamkeit tritt Jesus: Er stieg hinab in die Hölle, oder wie die neuere Übersetzung sagt, in das Reich des Todes. Jetzt stehen mitten im Tod Leben und Liebe. Tod ist nicht mehr Sheol oder Hölle. Wenn wir sterben, ist Christus uns vorausgegangen und erwartet uns. Jeder Artikel unseres Glaubensbekenntnisses drückt einen bestimmten Aspekt unseres Glaubens aus, das heißt einen Aspekt der Liebe Gottes zu uns. Deshalb konnte Thérèse von Lisieux das Credo als ein Danklied, als ein *Tedeum* gebrauchen. »Hinabgestiegen in das Reich des Todes« paßt hier sicherlich hinein. Gott kommt uns entgegen über das Äußerste hinaus. Dieser Glaube wandelt nicht nur den Tod, sondern auch das Leben.

Die Taufe des Kreuzes offenbart uns, wer Gott ist: Vater, Sohn und Heiliger Geist, und diese Offenbarung entfaltet das Leben auf Fülle hin. Gott ist der totale Widerspruch zum Bösen und zum Tod. Er ist reine Liebe, lauteres Leben. Wenn wir gegen das Böse kämpfen, haben wir Gott als Bundesgenossen. Er macht sich selbst zur Garantie, daß dieser Kampf schließlich erfolgreich sein wird, daß Leiden nicht sinnlos zu sein braucht, daß die Liebe das Böse überwindet, daß das Leben den Tod besiegt hat. Der Herr ist so ganz in das Leiden eingetreten, daß er nicht nur in dem Leidenden gegenwärtig ist, sondern auch in dem, der den Leidenden beisteht. Er selbst litt, um andere zu heilen und heilte andere durch sein Leiden.

Wir dürfen unseren Glauben niemals dazu mißbrauchen, um irgendein Leiden oder eine Ungerechtigkeit als angeblich verdienstlich oder dem Evangelium entsprechend, geschweige denn gottgewollt, fortbestehen zu lassen. Nur wenn wir alles getan haben, um eine Heilung oder Besserung zu erzielen, dürfen wir über den Sinn des Leidens sprechen. Beim Letzten Gericht werden wir gefragt werden, zu welcher Kategorie Menschen wir gehört haben: die Leiden verursacht haben; oder die es nicht sehen wollten; oder die es zu ihrem eigenen Vorteil mißbraucht haben; oder die es erleichtert haben. Im letzten identifiziert sich der Herr mit dem Geringsten seiner Brüder und Schwestern. Seine Taufe offenbart ihn als einen der Ihren, und das sagt uns etwas unermeßlich Trostvolles über Gott.

Gott unser Vater,
dein Sohn hat die Sendung angenommen, die du ihm aufgetragen hast.
Er hat sie bis zum Ende erfüllt.
Es hat ihn alles gekostet, was er hatte und was er war.
Doch es hat ihm auch alles gegeben:
die bleibende Herrlichkeit der Auferstehung
und Leben in Fülle für uns alle.
Wir danken dir
für die äußerste Offenbarung
deiner Liebe in seinem Tod.
Wir bitten dich in seinem Namen,

zieh uns zu ihm
und reiße uns aus unserer Selbstsucht.
Schenke uns den Glauben an die Fruchtbarkeit seines Lebens.
Lehre uns, die Liebe zu leben,
nicht als ein bequemes Wort,
sondern als echte, fordernde Tat.
So komme seine Sendung
in einem jeden von uns zur Vollendung,
heute und alle Tage und in Ewigkeit. Amen.

Zehntes Kapitel

Geheilt durch die Auferstehung

»... Thomas war dabei« (Joh 20,26). Obschon Johannes die Worte in einem einmaligen Zusammenhang gebraucht, können wir sie in einem weiteren Sinn verstehen und Thomas in unserer eigenen Gesellschaft wiedererkennen. Der zweifelnde Thomas gehört zu uns, nicht nur in dem harmlosen, scherzhaften Sinn des Wortes, sondern auch in seinem ernsten Glaubenszweifel. Eine alte Enzyklopädie beschreibt ihn als »bekannt für seinen düsteren und schwer zu überzeugenden Charakter«. Den naiven, begeisterten Glauben seiner Mitjünger zu teilen, ist ihm unmöglich. Und das hat er auch klipp und klar gesagt. Wir sind ihm dankbar, dem einen Apostel, der nicht ohne weiteres an die Auferstehung glauben konnte und den Mut hatte, diesen Unglauben zuzugeben. Bereits im sechsten Jahrhundert schrieb Papst Gregor: »Der Unglaube des Thomas, der zur Bekehrung kam, hat uns mehr genützt als der spontane Glaube der übrigen Jünger, die keine Bekehrung brauchten.«[1]
In dieser Meditation geht es nicht zuerst um Thomas, sondern vielmehr um den auferstandenen Herrn, der den Aposteln Heilung bringt (Joh 20,24–29). Wir betrachten, wie Jesus Thomas von seiner Trauer und seinem Unglauben heilt und ihn hinführt zu dem frohen Glauben, der seinen vollen Ausdruck findet in dem Bekenntnis: »Mein Herr und mein Gott«. Wir hoffen, uns Thomas anschließen zu können im Durchbruch seines Glaubens. Wir bitten, daß sein Glaube uns lehre, alles im Licht der Auferstehung zu sehen. Wir bitten darum, soviel echte Freude vom Auferstandenen zu empfangen, daß wir dadurch jene, die in Kummer und Sorge sind, trösten können.
»Thomas, genannt Didymus (Zwilling), einer der Zwölf, war nicht bei ihnen, als Jesus kam.« Er ist nicht nur tatsächlich abwesend, er ist auch im übertragenen Sinn außerhalb der Gemeinschaft. Hartnäckig verwirft er das österliche Zeugnis der anderen Jünger, die den Herrn gesehen haben. Das ist todbringend. Unser Glaube beruht voll und ganz auf der österlichen

Aussage der bevorzugten Zeugen. Christen sind einfachhin die Gemeinschaft derer, die dieses Zeugnis annehmen. Der auferstandene Herr bindet die Gläubigen zusammen und bildet so die Kirche. Das Zeugnis der Auferstehung in Abrede stellen, heißt, sich selbst von dieser Gemeinschaft trennen. Durch seine Ablehnung wirft Thomas einen Schatten auf die Osterfreude der Apostel und zerstört sein eigenes Glück. Er ist nicht mehr »bei ihnen«, in keinem Sinn des Wortes. Er wird ein Einzelgänger. Wir kennen das in jeder Gemeinschaft.

»Die anderen Jünger sagten zu ihm: Wir haben den Herrn gesehen. Er entgegnete ihnen: Wenn ich nicht die Male der Nägel an seinen Händen sehe und wenn ich meinen Finger nicht in die Male der Nägel und meine Hand nicht in seine Seite lege, glaube ich nicht.« Große Worte sollen oft Schwierigkeiten oder schmerzliche Zweifel vertuschen. In seiner Not stellt Thomas Bedingungen für seinen Glauben. Aber diese Bedingungen sind in sich eine Karikatur dessen, was den Kern des Glaubens ausmacht. Erfahrungsgemäß geprüfte Tatsachen zwingen einen Menschen nie zum Glauben, noch können sie die Grundlage für den Glauben bilden. Keiner der Zeugen der Frohen Botschaft hat die Auferstehung in der Weise nachgeprüft, wie Thomas es fordert. Diese eigensinnigen Bedingungen beweisen, wie verzweifelt er ist.

Das Problem des Thomas scheint darin zu bestehen, daß er bei der Passion stehengeblieben ist, während doch die Auferstehung alles bereits vollständig verändert hat. Er lebt in der düsteren Vergangenheit und verneint die strahlende Gegenwart. Vor einigen Jahren hatte er sich Jesus voller Idealismus angeschlossen, doch inzwischen wurde er bitter enttäuscht, und jetzt will oder kann er seine dunkle Brille nicht mehr absetzen. Wir wollen annehmen, daß er nicht zu Jesus kam, um Karriere zu machen – wie jene, die um die ersten Plätze im kommenden Reich baten –, sondern um den Menschen zu dienen. Er sah, daß der Rabbi von Nazaret den Weg zu den Herzen der Menschen fand: dieser Jesus hatte eine Botschaft und dazu die Redegabe, sie zu vermitteln, und vor allem die Werke, die Botschaft glaubhaft zu machen. Als Mitarbeiter Jesu würde auch er, Thomas, für die Menschen Bedeutung gewinnen. Mit großem Enthusiasmus

und voller Hingabe schließt er sich den Jüngern des neuen Rabbi an. Als Jesus nach einer durchbeteten Nacht seine zwölf Apostel auswählt, erlebt Thomas die tiefe Freude, einer von jenen Auserwählten zu sein (Lk 6,15).
Nach einiger Zeit merkt Thomas aber, daß die Sendung Jesu nicht so erfolgreich ist, wie er anfangs gedacht hatte. Es wird ihm klar, daß der Meister die Erwartungen, die er geweckt hatte, nicht erfüllen kann und daß Jesu Scheitern unvermeidlich ist. Da sieht Thomas das Kreuz sich bereits in der Ferne abzeichnen. Enttäuschung schleicht sich ein in seine Begeisterung, und nur zu bald ist er ein frustrierter Mensch.
In dieser Stimmung treffen wir Thomas im elften Kapitel des Johannes-Evangeliums. Die jüdische Obrigkeit in Jerusalem bespricht bereits ihre Pläne, Jesus aus dem Wege zu räumen; sie hatten sogar einige Versuche unternommen, ihn gefangenzunehmen. Jesus und seine Jünger hatten sich deshalb an einen Ort jenseits des Jordan in sicherer Entfernung von Jerusalem zurückgezogen. Er empfängt von seinen Freunden Marta und Maria die Nachricht über deren Bruder Lazarus: »Herr, dein Freund ist krank« (V. 3). Als die Jünger das hören, sind sie beunruhigt, da sie fürchten, Jesus könnte nach Bethanien gehen, um seinen Freund zu besuchen. Sie sind sehr erleichtert, als sie merken, daß Jesus ruhig dort bleibt, wo er ist. Am dritten Tag jedoch setzt Jesus sie in Schrecken, als er unvermittelt sagt: »Wir wollen wieder nach Judäa gehen.« »Rabbi«, wenden die Jünger ein, »eben noch wollten dich die Juden steinigen, und du gehst wieder dorthin?« (V. 7–8). Jesus ist trotz der sich sträubenden Jünger entschlossen zu gehen; es ist klar, daß ihn niemand zurückhalten kann. Da macht Thomas die abschließende Bemerkung, die so typisch für ihn ist: »Dann laßt uns mit ihm gehen, um mit ihm zu sterben« (V. 16); wir sind doch am Ende! Es ist nur eine Frage der Zeit, einige Wochen, vielleicht nur ein paar Tage. Wir sind Martyrer einer verlorenen Sache. Warum den Todeskampf hinausziehen? Wir haben keine Überlebenschancen, wir sterben aus. Schade, die Illusion ist so großartig gewesen!
Thomas bleibt seinem Herrn treu, er schlägt sogar vor, mit ihm zu sterben. Doch es ist eine grimmige Treue. Der Eifer des An-

fangs ist schal geworden, doch zäh, wie er ist, gibt er nicht auf. Wenn Petrus in Schwierigkeiten gerät, rafft er sich mit heroischen Worten auf: »Und wenn ich mit dir sterben müßte, ich werde dich nie verleugnen!« »Herr, hier sind zwei Schwerter!« (Mt 26,35; Lk 22,38). Die Reaktion des Petrus auf ein bevorstehendes Scheitern ist großsprecherisch, die des Thomas mürrisch. Der eine benutzt seine letzten Reserven, um eine glänzende Parade mit Bannern, Fahnen und Standarten zu inszenieren, der andere für eine selbstverfügte Liquidation. Beide gehören zu den auserwählten Zwölf.
Im 14. Kapitel stoßen wir nochmals auf Thomas. Der gequälte Apostel unterbricht schroff die erhabene Abschiedsrede Jesu. Auf der einen Seite hört er die herrlichen Worte über das Haus des Vaters, die himmlischen Wohnungen, Jesu Versprechen der Wiederkehr; auf der anderen sieht er die gewalttätigen Intrigen der Pharisäer und die herannahende Katastrophe sich klar abzeichnen. Der Kontrast ist unerträglich. »Thomas sagte zu ihm: Herr, wir wissen nicht, wohin du gehst; wie sollen wir den Weg kennen?« (V. 5). Er hat die Richtung verloren. Er kennt nur noch Verwirrung und Frustration; das läßt keinen Platz für luftige Spiritualität. Sehen wir der Realität ins Auge, so hoffnungslos sie auch ist. Wir müssen jetzt sachlich sein und uns nicht in erhabene Reden verlieren.
Doch wenn auch diese Gefühle des Thomas sehr real sind, sie sind nicht der ganze Thomas. In seinem Herzen regt sich noch eine andere Empfindung – in scharfem Kontrast zu den Gefühlen, die er äußert. Tief drinnen lebt auch ein Sehnen nach dem Herrn, schwer zu beschreiben, ein Hoffnungsschimmer, ein Überrest des ursprünglichen Idealismus. Johannes vermerkt wiederholt, daß der Name Thomas Zwilling bedeutet. Die Kirchenväter brauchten nicht auf die Tiefenpsychologie zu warten, um die Bemerkung zu machen, daß in ihm wirklich zwei Personen lebten: auf der einen Seite der Thomas, der so enttäuscht war, daß er im Begriff stand, seinen Idealismus und seinen Glauben zu verlieren; auf der anderen der Thomas, der sich nach seinem ursprünglichen Eifer, seiner ersten Liebe sehnte. Diese beiden Persönlichkeiten standen in Konflikt miteinander, und gerade jetzt hatte der pessimistische Thomas unbe-

dingt die Oberhand gewonnen. Was für ein Kampf tobte in diesem Mann!
Jedem Glaubenden sind ähnliche Erfahrungen bekannt. In unserem Glauben kommen uns Zweifel an; in unserem Glauben findet sich Unglaube. »Ich glaube, hilf meinem Unglauben« (Mk 9,24). Nicht nur der Vater des besessenen Knaben kann sich in diesem ehrlichen Gebet wiederfinden. Glaube erleben wir alle als eine sich entfaltende Wirklichkeit. Allmählich überwindet er Ungläubigkeit und Verzagtheit, bis wir am Ende unseres Lebens den vollen Glaubensakt setzen. Es erfüllt mit Hoffnung, daß offenbar auch das Gegenteil wahr ist: im Unglauben gibt es Glauben. In dem, was man Unglaube nennt, finden sich doch wahrscheinlich Funken von Glauben. Wo Zweifel ist, gibt es sicherlich Glaube. Über den Gottesknecht wird gesagt: »Das geknickte Rohr zerbricht er nicht, und den glimmenden Docht löscht er nicht aus« (Jes 42,3).
Im 20. Kapitel finden wir dann Thomas, der das Kommen des Auferstandenen zu den Jüngern am Abend des Ostertages verpaßt. »Thomas, genannt Didymus (Zwilling), einer der Zwölf, war nicht bei ihnen, als Jesus kam. Die anderen Jünger sagten zu ihm: Wir haben den Herrn gesehen« (V. 24–25). Thomas reagiert heftig, das heißt der frustrierte Teil seiner selbst überwältigt vollständig das andere Zwillings-Selbst. Er kann einfach nicht die Freude der anderen Jünger tolerieren. In seiner Reaktion wird er aggressiv, fast zynisch, er verschanzt sich in seinem Trübsinn. Frustrierte Menschen neigen dazu, in anderen das äußerst scharf zu kritisieren, was sie sich so sehr gewünscht hatten und doch nicht erreicht haben. Neid macht bitter. Sie ziehen sich in die Vergangenheit zurück, sie können und / oder wollen nicht mehr vorangehen. In einigen Fällen kann eine Aufgabe, die uns genommen worden ist, zu einer solchen Haltung führen.
Ich erinnere mich an eine Witwe, die ihren Mann plötzlich verloren hatte und mit fünf Kindern zurückblieb. Sie konnte den Verlust nicht überwinden. Oft wenn die Kinder in der Schule waren, verbrachte sie Stunden in einem kleinen »Quasi-Museum«, las alte Briefe, grübelte über Bildern vergangener Zeit, verlor sich in Andenken. Eines Tages kam der älteste Sohn frü-

her als gewöhnlich heim und fand seine Mutter in ihre Sammlung versunken. Ohne sich der vollen Bedeutung seiner Worte bewußt zu sein, sagte er zu ihr: »Mutter, willst du auch uns verlieren?« Was er gesagt hatte, war hart, traf aber genau. Sie hatte ihren Mann verloren, sie war auf dem besten Wege, auch ihre fünf Kinder zu verlieren. Der Schock öffnete ihr die Augen und brachte sie zurück zum Leben.
Thomas war wie die Witwe. Er konnte nicht über die Tragik der Passion hinwegkommen und verlor so den Kontakt mit den anderen Aposteln. Dadurch war er auch nicht mehr empfänglich für die Überraschung der Auferstehung und deren tiefe Freude. Es machte ihn unfähig, wirklich zur Gemeinschaft zu gehören. Er war zu einem großen Nein geworden.

*

Wie heilt Jesus diesen verzweifelten Menschen? Natürlich hätte es eine naheliegende und ideale Lösung gegeben: eine Privaterscheinung Jesu für Thomas! Dann hätte er, ohne sein Gesicht zu verlieren, zur Gemeinschaft zurückkommen können. Freilich hätte er zugeben müssen, daß er sich geirrt hatte und daß sie recht gehabt hatten, doch er hätte das in ehrenvoller Weise tun können. Er hätte sogleich hinzufügen können, daß er den Herrn gesehen, die Tatsachen geprüft, alles durchgesprochen habe und mit den Ergebnissen zufrieden gewesen sei. Damit könnte er die andern dann beeindrucken. Der Herr wählt jedoch gewöhnlich nicht die ideale Lösung. Warum seiner Allmacht spotten, die einen weit größeren Einfallsreichtum zeigen kann, wenn sie auf krummen Linien gerade schreibt? Er ist immer außergewöhnlich gut gefahren mit zweitrangigen Lösungen. Das ist eine weitere Lektion, die Thomas lernen muß; ja, es ist *die* Lektion, die er braucht.
»Acht Tage darauf waren seine Jünger wieder versammelt, und Thomas war dabei. Die Türen waren verschlossen. Da kam Jesus, trat in ihre Mitte und sagte: Friede sei mit euch!« »Shalom« ist der gewöhnliche jüdische Gruß. Es meint mehr als eine einfache Abwesenheit von Krieg oder innerem Frieden des Herzens. Es beinhaltet eine allumfassende Harmonie mit sich selbst und allen anderen, mit seinem eigenen Körper und der

Natur; es schließt ein Freude und Gerechtigkeit. Im Mund des auferstandenen Herrn hat es jedoch eine noch reichhaltigere Bedeutung – jenen Frieden, den die Welt nicht geben und auch nicht nehmen kann, der Shalom, der aus dem Leben fließt, das den Tod überwunden hat.
Diesen Frieden möchte der Herr Thomas bringen, doch nicht ehe der Apostel zur Gemeinschaft zurückgekehrt ist. Einem Einzelgänger kann nicht geholfen werden. »Laßt uns aufeinander achten und uns zur Liebe und zu guten Werken anspornen. Laßt uns nicht unseren Zusammenkünften fernbleiben, wie es einigen zur Gewohnheit geworden ist, sondern ermuntert einander ...« (Hebr 10,24–25). Die acht Tage zwischen den zwei Erscheinungen waren für Thomas schwer und schwer für die anderen. Zurückkehren zur Gruppe heißt, den Nacken beugen. Im Kampf um die Oberhand erringt der Thomas des guten Willens einen Sieg über den Thomas der Kleinlichkeit. Auf diesen Schritt hat der Herr gewartet. Jetzt ist Thomas bereit für die Heilung.
»Jesus sagte zu Thomas: Streck deinen Finger aus – hier sind meine Hände! Streck deine Hand aus und lege sie in meine Seite und sei nicht ungläubig, sondern gläubig!« Die vor einer Woche gestellten anmaßenden Forderungen werden von Jesus bis ins kleinste wiederholt und erfüllt. Das ist keine Rachsucht von seiten des Herrn, sondern eine ganz auf die Person des Thomas abgestimmte Einzelhilfe. Jesus ist der gute Hirt, der ein verlorenes Schaf aus seiner Umstrickung löst, und er tut es mit behutsamer Sorge. Den Menschen dort abholen, wo er ist, ist immer der erste Schritt pastoraler Sorge. Thomas war in der Passion steckengeblieben, und deshalb nimmt der Herr gerade in seinen Wunden Kontakt mit ihm auf. Doch sie sind jetzt Wunden seines verherrlichten Leibes. Sie weisen den Auferstandenen als den gekreuzigten Jesus aus. Es ist ein und derselbe Jesus, der besiegt wurde und der siegte. Die Wunden und die Passion sind ein wesentlicher Teil der Herrlichkeit der Auferstehung, genausogut wie das Leiden zu unserem Dienst im Gottesreich gehört. Diesen Zusammenhang hatte Thomas in all seiner Klugheit nicht verstanden, schlimmer noch, er hatte dem so heftig widerstanden, daß er sich und der Gemeinschaft viel

Schaden zufügte. Die Osterfreude integriert die Zeichen der Passion, die nicht als ein böser Traum abgetan werden kann. »Mußte nicht der Messias all das erleiden, um so in seine Herrlichkeit zu gelangen?« (Lk 24,26).

Hier rühren wir an den Kern der Frohbotschaft, um den es in dieser Thomasperikope ja eigentlich geht; ihn will der Evangelist in dieser Szene verkündigen. Die Bedeutung dieser Botschaft geht weit über die konkrete Darstellung hinaus, sie reicht bis hinein in unsere Zeit und unser eigenes Leben. Versuchen wir darum, diesen Kern in die Sprache unserer Generation zu übersetzen und in unseren Erfahrungsbereich zu übertragen. Wir alle haben unsere schlechten Erfahrungen gemacht, und wir sollen die Erinnerung daran ernst nehmen. Was verdrängt ist, kann nicht geheilt werden. Sind unsere negativen Erinnerungen vertuscht durch Frustration und Argwohn, dann kann Gottes Licht sie nicht bescheinen und die Gnade Gottes sie nicht fruchtbar machen. In unserer Bitterkeit können wir das zweischneidige Schwert des Gotteswortes hindern, durch die Schuttschichten zu dringen, die geheimen Gedanken und Empfindungen unseres Herzens bloßzulegen und was verwundet ist, zu heilen. Das Evangelium bietet einen positiven Kontext für alle unsere menschlichen Erfahrungen, wenn wir es nur annehmen wollten. Uns ist die Botschaft geschenkt, die unsere Trauer aus ihrem Schlupfwinkel herauszuholen vermag und sie hineinnimmt in den Tod und die Auferstehung des Sohnes Gottes.

Das erste ist hier, den Schmerz weder zu verheimlichen noch zu nähren, sondern einzusehen, daß er nicht isoliert dasteht. Wir müssen begreifen, daß dieses persönliche Leiden, diese Ungerechtigkeit, daß mein physischer Schmerz oder meine Frustration nicht das Alleinige in der Welt sind. Wenn wir es nicht fertigbringen, unseren Kummer in Beziehung zu setzen zum Leiden so vieler Menschen und ihn mit den anderen in Kontakt zu bringen, ist unsere Welt in sich abgeschlossen, und wir können nicht geheilt werden. Gram scheint eine ihm innewohnende Neigung zu haben, uns auf uns selbst zu werfen, und gewöhnlich braucht es mutige Anstrengungen, diese Abkapselung zu überwinden. Doch wenn wir einmal gelernt haben, unser Leiden als Teil eines größeren Ganzen zu sehen, können wir echt zu einer Heilung kommen, da wir uns bewußt werden, daß endlich alles Leiden in die Passion des Herrn einmündet. Wir können dann unser Kreuz als Teil des Kreuzes Jesu sehen. Das ist die Erfahrung des Paulus, der den Kolossern schreiben konnte: »Jetzt freue ich mich in den Leiden, die ich für euch ertrage. Für den Leib Christi, die Kirche, ergänze ich in meinem irdischen Leben das, was an den Leiden Christi noch fehlt« (Kol 1,24). Wenn wir in diese Art Schau eintreten, haben wir ein machtvolles Mittel, von Ichbezogenheit und sterilem Leiden befreit zu werden.

Jetzt sind wir bereit für den nächsten Schritt des Heilungsprozesses; wir können verstehen, daß unser Leiden nicht nur teilhat an der Passion des Herrn, sondern auch an seiner Auferstehung. Unsere Wunden bleiben, doch sehen wir sie jetzt im Licht des auferstandenen Christus. Sie sind dann hineingestellt in den richtigen Zusammenhang; das gibt uns die Kraft, sie auf fruchtbare, auf lebenspendende Weise zu tragen. Thomas wird diese Weisheit der Passion und Auferstehung im Anschauungsunterricht gelehrt. Enttäuschung wandelt sich in Freude und Glauben: »Mein Herr und mein Gott!«

Es sind befreiende Worte. Es ist der Ostersieg Jesu über den grollenden Thomas und der schließliche Durchbruch des glaubenden Thomas. Gleichzeitig ist die Entfremdung überwunden und Gemeinschaft wiederhergestellt. Er hat allerdings einen Preis zu zahlen für seine Feier: Er muß seinen Groll aufgeben, um die Freude und den Frieden einfließen zu lassen. Das ist überraschenderweise ein ziemlich hoher Preis, den nicht jeder zu zahlen bereit ist. Wir können so anhänglich werden an unsere bitteren Gefühle, daß es uns fast unmöglich ist, uns von ihnen zu trennen. Wir alle sind wahrscheinlich schon Menschen begegnet, die fast alles aufgegeben haben, außer dem einen, an dem sie noch wie an ihrem kostbarsten Besitz hängen, ihre Bitterkeit. Sie kann verwurzelt sein in einer Begebenheit, die zwanzig Jahre zurückliegt, doch sie benutzen noch immer jede Gelegenheit, um darüber zu sprechen, als ob es erst gestern geschehen wäre. Sie füllt ihnen Sinn und Herz und läßt wenig Platz für etwas anderes. Der Ostersieg des Herrn fordert, daß wir diese Verstimmungen aufgeben, und das kann sehr wohl ein großes Opfer sein. Doch die Kraft der Auferstehung, die den Tod überwand, befähigt uns auch, diese Bitterkeit zu überwinden und es dem triumphierenden Herrn als eine Trophäe anzubieten.

»Jesus sagte zu ihm:
weil du mich gesehen hast, glaubst du.
Selig, die nicht sehen und doch glauben.«

Diese Verse bilden den Höhepunkt des Johannes-Evangeliums. Seine zwanzig Kapitel haben den Weg für die End-Verkündigung bereitet. Mattäus bringt acht Seligpreisungen zu Beginn seines Evangeliums; Johannes faßt alles zusammen in der einen Seligpreisung am Ende. Petrus hat eine Parallele in seinem ersten Brief: »Ihn habt ihr nicht gesehen, und dennoch liebt ihr ihn; ihr seht ihn auch jetzt nicht, aber ihr glaubt an ihn ...« (1,8). Es ist die Liebe, die Mut erheischt, gerade weil wir ihn nicht sehen; Glaube, der Hochherzigkeit fordert, da es keine Hand gibt zum Halten. Unser Glaube gründet nicht auf dem, was wir sehen können: »Glaube aber ist: Feststehen in dem, was man erhofft, Überzeugtsein von Dingen, die man nicht sieht« (Hebr 11,1). Unser Glaube gründet sich auf das Zeugnis derer, die gesehen haben: »Diese Zeichen sind aufgeschrieben, damit ihr glaubt, daß Jesus der Messias ist, der Sohn Gottes, und damit ihr durch den Glauben das Leben habt in seinem Namen« (Joh 20,31).

Wir danken dir, Vater,
für das, was du für deinen Sohn getan hast:
du ließest ihn den Tod besiegen und entwaffnen,
gabst ihm Leben, das kein Ende kennt,
und erfülltest ihn mit alles übersteigender Freude.
Wir danken dir für das, was du uns schenkst,
da du Jesus von den Toten erwecktest:
eine Zukunft, die kein Ende kennt,
einen neuen Sinn in allem, was wir tun,
die Gewißheit, daß unsere Hoffnung nicht umsonst ist.

Schenke uns, Vater,
den Mut, diesen Glauben zu leben ohne zu sehen,
einen vollen Anteil an der Freude der Auferstehung,
die Einfalt, alles aufzugeben, was uns dabei im Wege steht.
Wir bitten dich auch,
daß dieser Glaube und diese Freude uns alle eins sein lassen,
wie du eins bist mit deinem verherrlichten Sohn,
heute und alle Tage und in Ewigkeit. Amen.

Elftes Kapitel

Jesus ist der Herr

Ein Franzose begann einen Brief mit den Worten: »Das wird ein langer Brief, weil ich keine Zeit habe, einen kurzen zu schreiben.« Wir alle sind mit der Wahrheit, die sich hinter diesem Paradox verbirgt,vertraut – erst was wir verstandes- und gefühlsmäßig verarbeitet haben, können wir in wenigen Worten sagen. Was das betrifft, haben die frühen Christen einen Rekord aufgestellt, denn sie konnten ihren gesamten Glauben in zwei Worten ausdrücken: »Kyrios Jesous«, Jesus ist der Herr. Da diese zwei Worte auch heute noch unseren Glauben zusammenfassen, wollen wir ihre Bedeutung überdenken und aus ihrem Reichtum schöpfen, damit sie uns nicht nur dem Herrn Jesus, sondern auch Gott als dem Vater unseres Herrn Jesus Christus näherbringen.

Jesus ist der Herr, Punkt. Keine Glossen, keine Einschränkungen! Jesus ist der Herr über alles. Er steht über Fürsten und Gewalten, Mächten und Herrschaften. Er ist über jedem Namen, nicht nur in dieser Welt, sondern auch in der zukünftigen. »Jesus ist der Herr« bedeutet, daß er die Welt und alles in der Welt überwunden hat. Er steht über Kultur, Politik, Wissenschaft, Geld, Sex, Karriere, Stellung und was man sonst noch nennen könnte. Die größte Macht auf dieser Erde ist ohne Zweifel der Tod. Wie mächtig ein Politiker sein mag, wie stark ein Athlet, eines Tages wird der Tod der Stärkere sein. Wie reich die Millionäre, wie gelehrt die Wissenschaftler sein mögen, eines Tages ist der Tod der Mächtigere. Wenn wir sagen »Jesus ist der Herr«, setzen wir dieser Herrschaft keine Grenze und nehmen den Tod nicht aus. »Denn er muß herrschen, bis Gott ihm alle Feinde unter die Füße gelegt hat. Der letzte Feind, der entmachtet wird, ist der Tod« (1 Kor 15,25–26). »Jesus ist der Herr« schließt ein, daß er auch diesen letzten Feind besiegt hat. Paulus gebraucht in seinem Brief an die Römer einen jüdischen Parallelismus, der diese Einbeziehung sehr klar macht. »Denn wenn du mit deinem Mund bekennst: ›Jesus ist der Herr‹, und

in deinem Herzen glaubst: ›Gott hat ihn von den Toten auferweckt‹, so wirst du gerettet werden« (10,9). »Mit dem Mund bekennen« und »im Herzen glauben« ist synonym. Ebenso bedeutet »Jesus ist der Herr« und »Gott hat ihn von den Toten erweckt« das gleiche. Jesus ist der Herr, weil er ein Leben lebt, über das der Tod keine Macht mehr hat. Der Tod liegt hinter ihm; von jetzt an ist er nur mehr Leben. Das macht den wesentlichen Unterschied zwischen der Auferweckung des Lazarus und der Auferstehung Jesu aus.
Im gleichen Brief an die Römer sagt uns Paulus, daß Jesus Herr ist über jede Macht in dieser Welt: »Was kann uns scheiden von der Liebe Christi? Bedrängnis oder Not oder Verfolgung, Hunger oder Kälte, Gefahr oder Schwert? ... Denn ich bin gewiß: weder Tod noch Leben, weder Engel noch Mächte, weder Gegenwärtiges noch Zukünftiges, weder Gewalten der Höhe oder Tiefe noch irgendeine Kreatur können uns scheiden von der Liebe Gottes, die in Christus Jesus ist, unserem Herrn« (Röm 8,35. 38–39). Da es sein könnte, daß Engel, Mächte, Gewalten der Höhe oder Tiefe uns nicht so sehr beeindrucken, scheint es der Sache wert zu sein, den Jubel des Paulus in eine zeitgemäßere Tonart zu transponieren. »Jesus ist der Herr« meint, daß er über den Strukturen der Kirche und der Gemeinschaft steht und den Spannungen, die sich von dorther ergeben. Es meint, daß er Macht hat über die Vergangenheit und die Zukunft, über das Alte und das Neue und imstande ist, eine Brücke zwischen beiden zu schlagen. »Gott hat uns das Geheimnis seines Willens kundgetan, wie er es gnädig im voraus bestimmt hat: Er hat beschlossen, die Fülle der Zeiten heraufzuführen, in Christus alles zu vereinen, alles, was im Himmel und auf Erden ist« (Eph 1,9–10).
Die Herr-lichkeit des Herrn Jesu kann uns eine ungeheure Kraft verleihen, mit dem Negativen in dieser Welt fertigzuwerden. Nicht nur die Geschichte der Heiligen, sondern auch unsere eigene Erfahrung hat uns anregende Beispiele geliefert, wie der Glaube an den Herrn Leiden erträglich und sogar fruchtbar machen kann. »Ich bin überzeugt, daß die Leiden der gegenwärtigen Zeit nichts bedeuten im Vergleich zu der Herrlichkeit, die an uns offenbar werden soll« (Röm 8,18). »Jesus ist der Herr«

steht für einen befreienden Glauben, der alle übermäßige Sorge und Furcht aus unserem Leben nimmt. Ohne dem Triumphalismus zu frönen, verkündet das Wort den Triumph Jesu und die dadurch berechtigte Freude.

Glaube ist nie abstrakt oder unverbindlich, sondern immer sehr persönlich und konkret; er setzt mein Ich aufs Spiel und beeinflußt mein Leben sehr. »Jesus ist der Herr« schließt ein, daß er *Herr meines Lebens* ist. »Keiner von uns lebt sich selber, und keiner stirbt sich selber: Leben wir, so leben wir dem Herrn, sterben wir, so sterben wir dem Herrn. Ob wir leben oder ob wir sterben, wir gehören dem Herrn. Denn Christus ist gestorben und lebendig geworden, um Herr zu sein über Tote und Lebende« (Röm 14,7–9). So hat der Ostersieg entsprechende Konsequenzen für mein persönliches Leben und auch für meinen Tod. »O meine Seele, sei gerüstet, ihm zu begegnen, der Fragen zu stellen weiß« (T. S. Eliot). »Jesus ist der Herr« bedeutet vollständige Hingabe an ihn: Er kann über mich verfügen, und ich möchte, daß er mein Leben be-herrscht, damit sein Wille und seine Gesinnung es formen. »Jesus ist der Herr« steht für eine exzentrische Spiritualität – exzentrisch im wörtlichen Sinn des Wortes: »aus dem Zentrum gerückt«, das heißt ich bin nicht der Mittelpunkt meines Lebens, sondern er. Es drückt aus (das Verlangen), daß die Beziehung zu Jesus die tiefste und innigste aller meiner Beziehungen ist – daß er »mein Leben« ist. »Denn wo dein Schatz ist, da ist auch dein Herz« (Mt 6,21). Mein einziger Wunsch ist, eins zu sein mit ihm, denn er ist die große Liebe meines Lebens, wie Paulus es charismatisch sagt:

> Doch was mir damals ein Gewinn war, das habe ich um Christi willen als Verlust erkannt. Ja noch mehr: ich sehe alles als Verlust an, weil die Erkenntnis Christi Jesu, meines Herrn, alles übertrifft. Seinetwegen habe ich alles aufgegeben und halte es für Unrat, um Christus zu gewinnen und in ihm zu sein. Nicht meine eigene Gerechtigkeit suche ich, die aus dem Gesetz hervorgeht, sondern jene, die durch den Glauben an Christus kommt, die Gerechtigkeit, die Gott aufgrund des Glaubens schenkt« (Phil 3,7–9).

Jesus als den Herrn meines Lebens anerkennen, bedeutet, »in ihm verwurzelt bleiben und auf ihn gegründet sein« (Kol 2,7). Doch das bietet mir sicherlich kein einfaches Sicherheitsrezept; es ist vielmehr eine ungeheure Herausforderung, alle Prioritäten meines beruflichen und persönlichen Lebens den von Jesus festgelegten Normen zu unterwerfen. Das erfordert wahrscheinlich mehr als bloß die Korrektur einiger unbedeutender Abweichungen meines Kurses; es könnte verlangen, daß ich mich in eine völlig neue Richtung wende: »Legt den alten Menschen ab ... und erneuert euren Geist und Sinn! Zieht den neuen Menschen an, der nach dem Bild Gottes geschaffen ist« (Eph 4,22–24). Die Wirkung auf unser persönliches und gemeinschaftliches Leben ist keine geringe.

Er kann mit allem fertigwerden, ist eine andere Bedeutung des »Jesus ist der Herr«. »Er hat den Schuldschein, der gegen uns sprach, durchgestrichen und seine Forderungen, die uns anklagten, aufgehoben. Er hat ihn dadurch getilgt, daß er ihn an das Kreuz geheftet hat. Die Fürsten und Gewalten hat er entwaffnet und öffentlich zur Schau gestellt; durch Christus hat er über sie triumphiert« (Kol 2,14–15). Die Bedrohungen, denen ich gegenüberstehe, die Probleme, die mich mit Beschlag belegen, die Dinge, die mein Leben aus dem Gleichgewicht bringen, sie alle können hineingenommen werden in den Sieg und die Macht des auferstandenen Herrn. Die Grenzen meiner Gesundheit oder meiner Persönlichkeit, meine Charakterfehler finden ihren Platz, wenn sie der Herrschaft des Herrn unterworfen werden. Integration meint Einordnung in ein übergeordnetes Ganzes. Was eine bösartige Wirkung hat, wenn es sich selbst überlassen bleibt, kann sehr wohl positiv arbeiten, wenn es den ihm entsprechenden Platz im Organismus einnimmt. »Denn Gott wollte mit seiner ganzen Fülle in ihm wohnen, um durch ihn alles zu versöhnen ...« (Kol 1,19–20). Ein schwerwiegender Zweifel, der meinen Glauben anficht, eine unfaire Behandlung von seiten Vorgesetzter, die mich verbittern könnte, eine Liebesbeziehung, die meiner Ehe oder meinem Zölibat entgegensteht, die Unverträglichkeit derer, die zusammenleben, sind Beispiele einer sehr realen Krise, die einen jeden von uns treffen kann. Wenn ich eine solche Krise gläubig im Gebet vor den Herrn trage, kann sie – jedoch nicht ohne Schmerz und Opfer – hineingenommen werden in mein Verhältnis zu ihm und die Bande zwischen uns stärken. Ich könnte das auch der Herrschaft Jesu vorenthalten und (vielleicht viel) Zeit darauf verwenden, getrennt vom Herrn. In diesem Fall untersteht nicht mehr mein ganzes Leben der Herrschaft Jesu; ein Teil ist abgespalten, und nach und nach wird der getrennte Teil wahrscheinlich den Rest infizieren und vielleicht sogar überwuchern. »Wer nicht für mich ist, der ist gegen mich; wer nicht mit mir sammelt, der zerstreut« (Mt 12,30). »Niemand kann zwei Herren dienen« (Mt 6,24). Die vom Herrn kommende Kraft arbeitet dann gegen mich, obschon eben diese Kraft heilen und stärken kann, wenn ich nur wollte.

Das »Jesus ist der Herr« *wirft Licht auf das Geheimnis des Lebens.* Er besitzt den Schlüssel zu dessen Geheimnis und läßt sein Licht in die Dunkelheit scheinen. Das Geheimnis des Lebens wird in ihm durchsichtig. Was Leben ist, seine Bedeutung und sein Ziel, wie man es sinnvoll und authentisch gestalten kann, können wir von Jesus lernen. Er ist ja gekommen, damit wir das Leben in Fülle leben, wie er gesagt hat: »Ich bin gekommen, damit sie das Leben haben und es in Fülle haben« (Joh 10,10). Johannes faßt diese Sicht am Ende seines ersten Briefes zusammen:

> Und das Zeugnis besteht darin, daß Gott uns das ewige Leben gegeben hat; und dieses Leben ist in seinem Sohn. Wer den Sohn hat, hat das Leben; wer den Sohn Gottes nicht hat, hat das Leben nicht (5,11–12).

Paulus hat seine eigene radikale Art, darauf hinzuweisen, daß die Herrschaft Jesu wesentlich ist für das Verständnis des Lebens. Als Jude und vor allem als ein früherer Pharisäer hatte er im Wort Gottes der Heiligen Schrift, das heißt des Alten Testamentes, die Quelle aller Weisheit gesucht. Er hatte das Gotteswort für fruchtbarer gehalten als die Erfahrung vieler der Ältesten und kostbarer als reinstes Gold. Später, als christlicher Apostel, stellt er fest, daß die Israeliten noch immer enorme Energien und viel Zeit auf das Studium dieser Worte der Offenbarung verwenden. Doch er behauptet, daß sie nur verschwommen verstehen, was diese Worte eigentlich sagen; sie sind wie Worte, von einer Hülle bedeckt. »Doch ihr Denken wurde verhärtet. Bis zum heutigen Tag liegt die gleiche Hülle auf dem Alten Bund, wenn daraus vorgelesen wird, und es bleibt verhüllt, daß er in Christus ein Ende nimmt. Bis heute liegt die Hülle auf ihrem Herzen, wenn Mose vorgelesen wird. Sobald sich aber einer dem Herrn zuwendet, wird die Hülle entfernt« (2 Kor 3,14–16). So betont Paulus, daß das Alte Testament in Jesus als dem Herrn seinen Höhepunkt findet, und nur von diesem Gesichtspunkt aus öffnet es sich und gibt seinen ganzen Inhalt preis.

»Jesus ist der Herr« wirft nicht nur Licht auf das Geheimnis des Menschseins, sondern es *offenbart* uns auch, *wer Gott ist.* Sinn und Herz des Menschen haben von jeher das Geheimnis Gottes erforscht und uns »den Gott der Philosophen« vor Augen gestellt. Ungeachtet der staunenerregenden Scharfsichtigkeit und Ergriffenheit, die darin investiert wurden, ist diese Darstellung von Gott nicht tragfähig genug, um darauf ein Leben aufbauen zu können. Das Alte Testament offenbart schon weit mehr über Gott, der sich im Bund mit seinem auserwählten Volk verpflichtete und seine vielen Wundertaten wirkte. Er wurde bekannt als der Gott Abrahams, Isaaks und Jakobs, und in den Psalmen beten wir zu diesem Gott. Das Neue Testament übertrifft diese Offenbarung weit und führt uns zu dem Vater unseres Herrn Jesus Christus. Schließlich wird dieser Titel der bevorzugte Name für Gott in der Schrift. Gott ist zuerst der Vater Jesu Christi, das besagt, er ist derjenige, über den Jesus beständig aus der Fülle seines Herzens heraus spricht und der sein Leben formt. Dieser Vater macht Jesus zu der Person, die er ist, gibt ihm seine Identität. Doch mehr noch: der vollständige neutestamentliche Name für Gott ist: Vater unseres *Herrn* Jesus Christus. Dadurch drücken wir unseren Glauben an den Vater, der Jesus zum Herrn machte, aus, das heißt, der seinem Sohn so göttlich treu war, daß er ihn von den Toten auferweckte und ihn in die Herrlichkeit der Auferstehung führte. Das sagt die höchste aller Wundertaten Gottes aus, und das hat ihm für immer seinen Namen gegeben; das ist der Gott, an den wir glauben. Kann es daran liegen, daß Teresa von Avila klagt, verlorene

Jahre ihres Lebens seien jene gewesen, in denen sie versucht habe, an Jesus vorbei zu Gott zu kommen?

»Jesus ist der Herr« bildet die *Grundlage jedes Apostolates.* Das moderne Leben konfrontiert mit einer verwirrenden Komplexität. Es ist nicht leicht, den richtigen Hinweis zu finden, den guten Rat, die kluge Antwort. In den achtziger Jahren seinem Leben eine haupt- oder nebenamtliche apostolische Ausrichtung zu geben – und in irgendeiner Form gehört das doch unumgänglich zu jedem christlichen Leben –, fordert mehr Mut, als die meisten vernünftigen Menschen aufbringen können, wenn es nicht um der Gewißheit willen wäre, daß Jesus der Herr ist. Das schließt nicht nur ein, daß er uns zu einem mutigen, hochherzigen, unbedingten und uneingeschränkten Dienst ruft, sondern es bedeutet auch, daß er selbst die Grundsicherheit ist, die diesen Dienst überhaupt möglich macht. Offensichtlich heißt das nicht, daß er uns alle Antworten gibt, sondern daß er uns zeigt, in welcher Richtung wir nach der richtigen Antwort suchen müssen. Des einen sind wir sicher: wenn wir einen Menschen Jesus Christus näherbringen, dann bringen wir ihn auch sich selbst näher. Glücklicherweise ist auch das Gegenteil wahr: wenn ein Mensch sich näherkommt, dann kommt er auch Jesus näher. Doch die gleiche Wahrheit kann auch negativ gesagt werden: jeder Dienst für andere, der ihr Verhältnis zu Jesus Christus schwächt, heißt, jenen einen schlechten Dienst erweisen, denen wir dienen. Jesus als der Urgrund alles Seins und als der höchste Ausdruck menschlichen Lebens gibt jedem geistlichen Dienst Zusammenhang. »Alles, was ihr in Worten und Werken tut, geschehe im Namen Jesu, des Herrn« (Kol 3,17). In seiner Predigt in Cäsarea behauptet Petrus, daß der Inhalt der Verkündigung des Friedens genau das ist: Jesus Christus ist der Herr aller (vgl. Apg 10,36). Das ist die Botschaft, die verkündet werden muß, und gleichzeitig ermöglicht sie es uns, sie zu verkünden.

»Jesus ist der Herr« ist nicht nur die Grundlage allen Apostolates, es ist auch die *Grundlage jeder Kontemplation.* Der geballte Text, der den Höhepunkt der Auseinandersetzung am Ende von 2 Kor 3 bildet, gibt uns darüber eine sehr schöne Erläuterung: »Wir alle spiegeln mit enthülltem Angesicht die Herrlichkeit des Herrn wider und werden so in sein eigenes Bild verwandelt, von Herrlichkeit zu Herrlichkeit, durch den Geist des Herrn« (V. 18). Beschauung ist im Grunde nichts anderes als eine Schau der Herrlichkeit Gottes, ein staunendes Betrachten. Diese Herrlichkeit kann überall gesehen werden, denn die Erde ist voll von seiner Herrlichkeit. »Dem, der sehen kann, ist nichts profan« (Teilhard de Chardin). Von allem Geschaffenen anerkennen wir die Schrift als den privilegierten Ort der Ent-Hüllung der Herrlichkeit Gottes. Dann geht Paulus noch einen Schritt weiter, indem er behauptet, daß die Schrift sich erst ganz öffnet, wenn ein Mensch zum Herrn Jesus kommt. In ihm können wir Gottes unverhüllte Herrlichkeit schauen. Kontemplation ist dann auch vor allem ein Schauen auf die Person Jesu. Beachtenswert an der Aussage des Paulus ist, daß diese Schau des Herrn in dem Schauenden eine Umwandlung bewirkt.

In einem anderen Brief behauptet er, daß wir alle vom Vater vorherbestimmt sind, an Wesen und Gestalt seines Sohnes teilzuhaben, damit Jesus der Erstgeborene von vielen Brüdern sei (Röm 8,29). Das wird in der Beschauung verwirklicht, in der wir verwandelt werden in Wesen und Gestalt dessen, den wir schauen. In der Spiritualität des christlichen Ostens wird oft gesagt, daß man zu dem wird, was man anschaut. Kontemplation erreicht deshalb das letzte Ziel unseres Lebens, uns in die Menschen zu wandeln, die wir nach Gottes Absicht werden sollen. Mit anderen Worten: Kontemplation ist im höchsten Maße wirkmächtig. Für Ohren, die gewöhnt sind zu hören, Kontemplation sei unproduktiv, klingt das überraschend. Nach dem letzten Wort in diesem Abschnitt schreibt Paulus diese Wirksamkeit nicht unserer eigenen Willenskraft oder Tüchtigkeit zu, sondern dem Heiligen Geist. Unsere Umgestaltung vollzieht sich in einer solchen Tiefe, daß wir nie selbst dorthin gelangen können; allein der Geist kann in die Tiefe dringen und in einer solchen Innerlichkeit wirken. Der Wandel ist so tiefgehend, daß er möglicherweise an der Oberfläche geraume Zeit kaum spürbar wird, und doch ist er wirksamer als jede äußere Aktivität. Wenn ein Mensch sich hochherzig und aufrichtig Zeit nimmt, genug Zeit, um auf den Herrn zu warten, auf ihn zu schauen, bei ihm Zeit zu verschwenden, dann wird er – sich selbst vielleicht unbewußt – umgestaltet.

Daß Jesus Herr ist, ist *eine Quelle der Einheit* aller Christen, ja darüber hinaus aller Menschen. Zunächst schafft der Herr Einheit unter denen, die ihm nachfolgen. Als Herr weist er unsere Ideen und Ideale in ihre Schranken und setzt ein Gegengewicht gegen deren Neigung, sich zu Idolen und Ideologien zu entwikkeln. Wenn wir im Glauben und in der Tat zu wenig betonen, daß Jesus der Herr ist, verzetteln wir unsere Energien und zerreißen unsere Einheit, wie umgekehrt der Glaube, daß Jesus der Herr ist, eine ungeheure verbindende Kraft hat, die Menschen verschiedener Auffassung und Lebensweise zusammenhält. Es ist ermutigend zu sehen, wie die junge Kirche alle Art ernster Meinungsverschiedenheiten und Spannungen überwand und schwere Krisen überlebte, weil sie über ihre Uneinigkeit hinaus geeint war in dem Glauben, daß Jesus der Herr ist. »Jesus ist vor aller Schöpfung, in ihm hat alles Bestand. Er ist das Haupt des Leibes, der Leib aber ist die Kirche« (Kol 1,17–18).

Daß wir diese Schau weiten können, um auch Nichtchristen in die durch Jesu Herrschaft geschaffene Einheit hineinzunehmen, ist vielleicht nicht unmittelbar verständlich. Es ist offensichtlich, daß unter denen, die sich selbst nicht als Christen betrachten, oft ein tiefer und hochherziger Glaube an Gott oder ein höchstes Wesen lebendig ist. Das Zweite Vatikanische Konzil hat über die Nichtchristen ausdrücklich gesagt: »Nicht selten findet sich die Anerkennung einer höchsten Gottheit oder sogar eines Vaters. Diese Wahrnehmung und Anerkennung durchtränkt ihr Leben mit einem tiefen religiösen Sinn.« Offenbar auf Anregung der Missionsbischöfe erklärt das Vatikanische Konzil, daß die Kirche »mit aufrichtigem Ernst jene Handlungs- und Lebensweisen, jene Vorschriften und Lehren betrachtet, die ... nicht selten einen Strahl jener Wahrheit erkennen lassen, die alle Menschen erleuchtet.«[1] Viele dieser Menschen haben kaum je etwas von Jesus gehört, und sicherlich kann man nicht sagen, daß sie ihn kennen. Und doch glauben wir, daß ihr Glaube ein Geschenk ist nicht ohne Zusammenhang mit Tod und Auferstehung Jesu Christi. »Denn: Einer ist Gott, einer auch Mittler zwischen Gott und den Menschen:

der Mensch Christus Jesus, der sich als Lösegeld hingegeben hat für alle« (1 Tim 2,5–6). Diese christliche Lehre mag provozierend klingen. Doch enthält sie auch ein Element, das den Ökumenismus anregt und von uns Christen verlangt, von anderen Religionen zu lernen. Auf diesen Aspekt wurde kürzlich von einem hingewiesen, der viel Kontakt zu und große Hochachtung vor nichtchristlichen Religionen (vor allem dem Buddhismus) hat, William Johnston, Direktor des Instituts für Orientalische Religionen an der Sophia-Universität in Tokio.

> Es mag sein, daß ich unökumenisch klinge, wenn ich Jesus Christus eine unverwechselbare Rolle zuerkenne, die ich den Gründern anderer Religionen nicht zugestehe, wenn ich sie auch zutiefst schätze. Doch schließlich ist das mein Glaube, und Ökumenismus kann allein dann wachsen und sich entwickeln, wenn die Mitglieder der großen Religionen aufrichtig und treu zu ihren tiefsten Überzeugungen stehen. Vielleicht könnte man das gleiche positiver darstellen, indem man sagt, daß der Auferstandene, der zur Rechten des Vaters sitzt, allen Menschen und allen Religionen zugehört. Keine Religion, auch nicht das Christentum, kann für sich in Anspruch nehmen, »den unergründlichen Reichtum Christi« (Eph 3,8) zu verstehen. Deshalb brauchen wir einander, so daß durch Dialog und gegenseitige Hilfe unser Teilwissen ergänzt wird.[2]

Obschon »Jesus ist der Herr« beim ersten Zuschauen ein Wort zu sein scheint, das leicht auszusprechen ist, so wird es doch bei genauerer Prüfung klar, daß wir viel Kraft brauchen, um es zu sagen und in Treue zu leben. Es geht nicht einfach darum, verstandes- und gefühlsmäßig bereit zu sein für seine Knappheit wie der Franzose für seinen bündigen Brief. Es sind vor allem seine mannigfachen Konsequenzen, die es zu einem schwierigen Wort machen, da es eine volle Selbsthingabe in einem reifen Glauben fordert. Kein Wunder also, daß »keiner sagen kann: Jesus ist der Herr!, wenn er nicht aus dem Heiligen Geist redet« (1 Kor 12,3).

Vater unseres Herrn Jesus Christus,
keiner hat dich je geschaut.
Doch du hast deinen Sohn gesandt, daß er unter uns wohne.
Wir anerkennen ihn als einen von uns.
Wir verstehen seine Worte und teilen seine Empfindungen.
Doch wir anerkennen auch,
daß er mehr ist als irgendeiner von uns:
Gott von Gott und Licht vom Licht.
In ihm sehen wir dich.
Wir bewundern deine Treue und deine Macht,
die ihn hoch über alle Mächte dieser Welt gesetzt hat.
Gewähre uns, daß wir um ihn wissen
als den Herrn unseres Lebens,
als den Sinn unseres Daseins,
als die Offenbarung dessen, wer du bist,
als den Befreier aus unserer Verkrampfung
und als den Ursprung unserer Einheit untereinander,
heute und alle Tage und in Ewigkeit. Amen.

Zwölftes Kapitel

Die Anbetung des Lammes

Als Christen freuen wir uns des Bekenntnisses »Jesus ist der Herr«. Wir gedenken seines Lebens auf Erden, verkünden sein heilbringendes Leiden, seine glorreiche Auferstehung und Himmelfahrt und erwarten seine Wiederkunft. Mit Recht nennen wir das eine Feier, eine Danksagung, eine Eucharistie. Dankbaren Herzens überdenken wir seine Worte und Taten, sinnen nach über seine Person und seinen Geist, erwägen, wer er war. Hie und da, wie in den letzten zwei Kapiteln, richten wir unser Augenmerk darauf, wer er *ist*: der auferstandene Jesus, der Herr ist im vollen Sinne des Wortes. Jede echte Feier der Eucharistie enthält auch eine Vorwegnahme seiner Wiederkunft am Ende der Tage und eine Teilnahme an der himmlischen Liturgie. Die Betrachtung dieses Kapitels kreist um die Anbetung des Lammes, wie sie im fünften Kapitel der Offenbarung beschrieben wird. Uns eröffnet sich hier eine Schau der Ereignisse am Ende der Zeit, die hineinführen in die letzte Erfüllung der Geschichte. Diese Schau zeigt, wie unsere gegenwärtige Anbetung des dreifaltigen Gottes schon durchdrungen ist von der endgültigen Vollendung, die ja in ungetrübter Anbetung bestehen wird.

Der kommende Christus gibt der gegenwärtigen Zeit Antrieb und Schwungkraft. Er ist die treibende Kraft in der Evolution des Lebens und der echten Entwicklung der Welt. »Denn Gott wollte mit seiner ganzen Fülle in ihm wohnen, um durch ihn alles zu versöhnen. Alles im Himmel und auf Erden wollte er zu Christus führen ...« (Kol 1, 19–20). Teilhard de Chardin nennt ihn den Punkt Omega, auf den jede Evolution hinstrebt und in den alle Schöpfung einmal vollständig integriert wird. Das endgültige Eins-Sein alles Geschaffenen ist ein so inniges und vollkommenes, daß nach Teilhards Ansicht der Punkt Omega als eine einzige transzendente und autonome Persönlichkeit betrachtet werden muß, in der alle Menschen ihr höchstes Bewußtsein und ihre volle Identität erreichen. Der kommende

Christus wirkt hier und jetzt mit Macht auf diese endgültige Vollendung der Schöpfung hin. Er erweckt einen Geist der Hoffnung und Erwartung, ohne den das Christentum leicht zu einer harmlosen Art Optimismus degeneriert. Wenn wir die Wirkung des eschatologischen Aspektes unseres christlichen Glaubens unterschätzen, nehmen wir der Evolution ihre Kraft, und unser Glaube kehrt sich von einer vitalen Stoßkraft um in eine träge Behaglichkeit oder sterile Streiterei. So legen wir die Torheit des Kreuzes in Fesseln und verwässern die Herrlichkeit der Auferstehung. Wir machen es uns bequem in der Illusion eines leichten, angenehmen Fortschritts auf eine bessere Welt zu. Eine solche Karikatur des Glaubens nannte Marx Opium, da sie uns der Ungerechtigkeit und den unmenschlichen Verhältnissen in unserer Gesellschaft anpaßt und uns für den Kampf gegen sie blind macht. Es mag sein, daß sich ein solcher Glaube zu einigen Grenzplänkeleien aufschwingt und diese für bedeutende Schlachten hält, doch der Durchbruch, für den Jesus Christus steht, ist vollständig aus dem Gesichtskreis geschwunden. Der – geben wir es zu – schwerverständliche eschatologische Diskurs in Mt 24 zum Beispiel, paßt überhaupt nicht mehr in ein solches Glaubensverständnis. Man spricht vielleicht noch über Hoffnung, doch die kleinliche Erwartung geht nicht über die eigene beschränkte Welt hinaus. Kurz, diese Art Glaube bringt so etwas wie eine Synthese von Fortschritt und Spießbürgertum zustande.

Echte Evolution ist ein Wachsen, eine Kontinuität, die von Zeit zu Zeit in eine Diskontinuität führt, in einen Sprung. Ab und zu wird der ruhige Fluß von einem Katarakt aufgerüttelt. Kalvaria ist nicht eben; wollen wir Jesus folgen, müssen wir das Kreuz auf uns nehmen und in seine Fußstapfen treten, diesen Hügel hinauf. Die Auferstehung ist nicht eine alltägliche Angelegenheit; sie fordert, daß wir unser früheres Leben ändern, unser altes Ich ablegen und unser ganzes Denken erneuern: »Zieht den neuen Menschen an, der nach dem Bild Gottes geschaffen ist in wahrer Gerechtigkeit und Heiligkeit« (Eph 4,24). »Ihr seid mit Christus auferweckt; darum strebt nach dem, was im Himmel ist, wo Christus zur Rechten Gottes sitzt ... Denn ihr seid gestorben, und euer Leben ist mit Christus verborgen in Gott.

Wenn Christus, unser Leben, offenbar wird, dann werdet auch ihr mit ihm offenbar werden in Herrlichkeit« (Kol 3,1–4). Der letzte Satz bezieht sich auf Zukünftiges. Sich danach sehnen, ist wesentlich für unseren Glauben. Ja, der größte Umbruch steht noch bevor. Die Kreuzigung und die Auferstehung sind, wenn auch von entscheidender Bedeutung, nur Vorboten einer weit größeren Diskontinuität am Ende der Zeiten. »Die Herrlichkeit, die an uns offenbar werden soll«, läßt die Leiden dieser Zeit bei weitem hinter sich (Röm 8,18).

Die von Jesus geforderte Jüngerschaft ist so radikal, daß sie für den Christen nur im Hinblick auf das Wiederkommen des Herrn durchgetragen werden kann: »Denn ich sage euch, Brüder: Die Zeit ist kurz« (1 Kor 7,29). Der allerletzte Vers des ganzen Neuen Testamentes gibt uns den Schlüssel zu allen Büchern der Heiligen Schrift. Es ist die Antwort auf die Frage, warum die ersten Christen nach den Herausforderungen des Neuen Testamentes leben und auf ihre Zeitgenossen eine solche Anziehungskraft ausüben konnten: »Er, der dies bezeugt, spricht: Ja, ich komme bald. Amen. Komm Herr Jesus!« (Offb 22,20). Es ist Ausdruck der Hoffnung auf die Parusie; sie macht es möglich, das Evangelium zu leben.

Der Seher der Apokalypse beschreibt seine Schau des Lammes; es steht im Begriff, die Heilsgeschichte zur Vollendung zu führen. Das Lamm wird von allen Geschöpfen jubelnd angebetet; es selbst unterwirft sich dem, der auf dem Thron sitzt. Der Seher drückt in seiner apokalyptischen Sprache aus, was Paulus den Bürgern von Korinth auf direktere Weise sagt: »Wenn ihm dann alles unterworfen ist, wird auch er, der Sohn, sich dem unterwerfen, der ihm alles unterworfen hat, damit Gott herrscht über alles in allem« (1 Kor 15,28).

> Und ich sah auf der rechten Hand dessen, der auf dem Thron saß, eine Buchrolle; sie war innen und außen beschrieben und mit sieben Siegeln versiegelt. Und ich sah: Ein gewaltiger Engel rief mit lauter Stimme: Wer ist würdig, die Buchrolle zu öffnen und ihre Siegel zu lösen? Aber niemand im Himmel, auf der Erde und unter der Erde konnte das Buch öffnen und es lesen (Offb 5,1–3).

Die Buchrolle war innen und außen beschrieben; das deutet auf ihren äußerst reichen Inhalt hin. Das Versiegeln mit sieben Siegeln verhindert, daß sie von einem Nichtbeauftragten gelesen wird. Weder dieses noch die nächsten Kapitel enthüllen uns den Inhalt der Rolle: Das Lamm wird jedoch kommen und ein Siegel nach dem anderen lösen. Jedes Brechen des Siegels wird von furchtbaren Ereignissen begleitet, die in den drei folgenden Kapiteln geschildert werden. Sie gehen der Erfüllung der Geschichte voraus.

»Da weinte ich sehr, weil niemand für würdig befunden wurde, das Buch zu öffnen und zu lesen.« Das sind nicht Tränen enttäuschter Neugier. In der apokalyptischen Bildersprache bedeutet öffnen und lesen: ausführen, verwirklichen. Der Seher weint, weil niemand den Plan Gottes auszuführen vermag. Es sind Tränen eines intensiven Hungers und Durstes nach Gerechtigkeit, die sich äußerster Machtlosigkeit gegenübergestellt sehen, diese zustande bringen zu können.

»Da sagte einer von den Ältesten zu mir: Weine nicht! Gesiegt hat der Löwe aus dem Stamme Juda, der Sproß aus der Wurzel Davids; er kann das Buch und seine sieben Siegel öffnen.« Jesus wird in die Vision eingeführt mit verschiedenen, aus der alttestamentlichen messianischen Erwartung entlehnten Titeln. Dieser Jesus, der so tief im Alten Bund verwurzelt ist, hält den Schlüssel in der Hand, der am Ende der Zeiten das Buch des ewigen Lebens öffnet. Paulus betont zu verschiedenen Malen, daß das Alte Testament sich nur in Christus erschließt. »Bis zum heutigen Tag liegt die gleiche Hülle auf dem Alten Bund, wenn daraus vorgelesen wird, und es bleibt verhüllt, daß er in Christus ein Ende nimmt« (2 Kor 3,14; siehe Seite 125). »Das alles ist nur ein Schatten von dem, was kommen wird, die Wirklichkeit aber ist Christus« (Kol 2,17). Johannes läßt Jesus in einem Streitgespräch den Juden sagen: »Ihr erforscht die Schriften, weil ihr meint, in ihnen das ewige Leben zu haben; gerade sie legen Zeugnis über mich ab« (Joh 5,39). In dieser Endschau ist Jesus nicht nur als der Schlüssel zum Alten Testament dargestellt, sondern auch als die Vollendung der *ganzen* Heilsgeschichte.

»Und ich sah: Zwischen dem Thron und den vier Lebewesen

und mitten unter den Ältesten stand ein Lamm; es sah aus wie geschlachtet.« Das Alte Testament erwartete einen Löwen, doch an seiner Stelle kommt ein Lamm, und so steht das Neue Testament unter dem Zeichen des Lammes. Unter den Adlern und Löwen, die wir in unseren Wappen als Symbole unserer Kraft darstellen, scheint das Lamm irgendwie fehl am Platz. Wir werden uns umstellen müssen, wenn wir zum Lamm gehören wollen. Diese Umstellung wird nicht leichtfallen, denn das Lamm wird zum Schlachten geführt, ohne seinen Mund aufzutun, geschlagen wegen der Sünden seines Volkes (Jes 53,7–8). Zwei Kapitel später bietet das Buch der Offenbarung eine ähnliche Umkehr der Bilder:

> Sie werden keinen Hunger und keinen Durst mehr leiden, und weder Sonnenglut noch irgendeine sengende Hitze wird auf ihnen lasten. Denn das Lamm in der Mitte vor dem Thron wird sie weiden und zu den Quellen führen, aus denen das Wasser des Lebens strömt, und Gott wird alle Tränen von ihren Augen abwischen (7,16–17).

Die letzte Erfüllung aller Verheißungen der Propheten wird nicht durch den Hirten, sondern durch das Lamm geschehen. Wohl ist das ein einmaliges Lamm. Es ist geschlachtet worden und steht doch auf seinen Füßen. Gestorben und auferstanden! Die Schlachtwunden an seinem lebendigen Leib sind Zeichen seiner Würde. Sein Leiden und sein Tod sind in seinem auferstandenen Leib mit einer unerhörten Herrlichkeit beschenkt worden. Gerade diese Hineinnahme seiner Kreuzigung in seine verherrlichte Menschheit gibt ihm die Schlüsselstellung. Die Schlachtwunden sind Ausdruck der Liebe Jesu, die in unerschütterlicher Treue den Vater und die Menschheit bis zum Ende umfängt. Die Auferstehung zeigt des Vaters Liebe, die in vollkommener Treue seinen Sohn bis über den Tod hinaus trägt. Diese zweifache Liebe führt hin zu dem, was für immer bleibt. Nur wenn wir teilnehmen an dieser unverwechselbaren doppelten Liebe, können auch wir Früchte hervorbringen, die bleiben.

»Das Lamm hatte sieben Hörner und sieben Augen.« Das Horn ist ein Zeichen für Stärke und Macht; die Siebenzahl bezeich-

net die Fülle. Die sieben Augen versinnbilden die Fülle des Wissens. Dieses Wissen ist ein schöpferisches, eines, das schafft, was es weiß, das weiß durch das Schaffen. Jesus ist der, der alle Schöpfung zur Erfüllung bringt dadurch, daß er sie durchschaut und sein Urteil spricht.
»Das Lamm trat heran und empfing das Buch aus der rechten Hand dessen, der auf dem Thron saß.« Das Lamm *stand* vor dem, der auf dem Thron *saß*. Alle Geschöpfe sind von Gott geschaffen und stehen vor ihm. Jesus ist in die Schöpfung eingetreten, um seinem Vater zu dienen. Er ist einer aus uns und steht wie wir vor dem Thron. Sobald er aber die Buchrolle empfangen hat, beginnt eine Anbetung des Lammes, die sich auf immer weitere Kreise ausdehnt und das Lamm dem gleich macht, der auf dem Thron sitzt.
»Die vier Lebewesen und die vierundzwanzig Ältesten fielen vor dem Lamm nieder.« Weder der Thronende noch das Lamm noch irgendwer sonst befiehlt ihnen, sich niederzuwerfen. Anbetung ist immer ein Akt völliger, reifer Freiheit. Die vierundzwanzig Ältesten sind fürstliche Wesen, die die Zeichen der Macht und Hoheit tragen: »mit goldenen Kränzen auf dem Haupt«. Sie sind voller Freude, gekleidet »in weiße Gewänder«. Sie genießen Ehre und Ansehen, sie sitzen auf Thronen, die errichtet sind auf etwas, das wie ein »gläsernes Meer« ist, »gleich einem Kristall«. Diese erhabenen Wesen berauben sich aller Privilegien, um das Lamm anzubeten. Sie vergessen sich selbst, sie gehen ganz auf in dem Lamm und in dem, was es zu tun im Begriff ist. Die Herrlichkeit, die Schönheit und die Macht des Lammes sind so faszinierend, daß sie sich mit einem unwiderstehlichen Verlangen voll Freude und Verwunderung niederwerfen. In diesem Akt der Anbetung erreichen sie das letzte Ziel ihres Seins und ihre ganze Erfüllung.
Da Anbetung für jedes Geschöpf das einzig Bleibende ist, müssen wir sie hier auf Erden einüben. Ist sie echt, wird sie unser Leben prägen. Sie ist das Höchste und Reifste, wozu ein Mensch fähig ist. Der beste Platz für die Anbetung ist der letzte Platz; die vierundzwanzig Ältesten werfen sich nieder. Anbetung und Demut gehören zusammen. Es gibt einen Mangel an Selbstvertrauen, der den Menschen ganz auf sich zurückwirft; er kon-

zentriert sich auf die eigenen Schwächen und Fehler; er kann Gott nicht anbeten. Ein Mensch kann sich auch, wiederum stark sich selbst zugewandt, in aufgezwungener Befangenheit klein und verachtenswert machen und so die Verherrlichung Gottes aus dem Auge verlieren. In beiden Fällen haben wir es weit mehr mit einem Inferioritätskomplex zu tun als mit echter Demut, und das gerade, weil hier die Anbetung einen zu geringen Platz einnimmt. Eine typische Nebenwirkung dieses Mangels an Anbetung ist das Fehlen tiefer Freude und staunender Verwunderung.
Und sie singen ein neues Lied:

> Würdig bist du, das Buch zu nehmen und seine Siegel zu öffnen; denn du wurdest geschlachtet und hast mit deinem Blut Menschen für Gott erworben aus allen Stämmen und Sprachen, aus allen Nationen und Völkern, und du hast sie für unsern Gott zu Königen und Priestern gemacht; und sie werden auf der Erde herrschen.

Das Lamm wird »würdig« genannt. Eine äußere Macht kann mich zwingen, etwas zu tun, was ich nicht tun will und vielleicht sogar zu sagen, was ich nicht meine, doch sie kann niemals den Anspruch erheben, »würdig« zu sein. Jemand »würdig« zu nennen, ist wie die Anbetung eine vollkommen freie Antwort. Das Lamm ist deshalb würdig, weil es sich selbst ganz hingegeben hat, weil es geschlachtet worden ist. Es hat mit seinem Blut Menschen für Gott gekauft. Wiederum wird das Osterereignis mit seinen zwei untrennbaren Komponenten der Kreuzigung und Auferstehung als *der* eigentliche Grund für das Würdigsein genannt. Er ist »dem Geist der Heiligkeit nach eingesetzt als Sohn Gottes in Macht seit der Auferstehung von den Toten« (Röm 1,4).
Als die Israeliten auf ihrer vierzigjährigen Wanderung durch die Wüste den Sinai erreichten, wurde ihnen von Jahwe in seiner ersten Verkündigung des Bundes versprochen: »Ihr sollt mir als ein Reich von Priestern und als ein heiliges Volk gehören« (Ex 19,6). Viel später, gegen Ende der grausamen Deportation, wurde diese Prophetie an das auserwählte Volk in seiner Not gerichtet: »Ihr alle aber werdet ›Priester des Herrn‹ genannt,

man sagt zu euch ›Diener unseres Gottes‹« (Jes 61,6). Dieses Versprechen und diese Prophetie sind erfüllt, wenn das Lamm Gottes den neuen und ewigen Bund besiegelt und uns zu einem »auserwählten Geschlecht« macht, »einer königlichen Priesterschaft, einem heiligen Stamm, einem Volk, das sein besonderes Eigentum wurde« (1 Petr 2,9).
Diese Erfüllung beschränkt sich nicht auf das Volk Israel, sondern schließt alle Stämme und Sprachen, alle Völker und Nationen ein und schmiedet sie zusammen zu einer wunderbaren Einheit. »Ihr alle, die ihr auf Christus getauft seid, habt Christus (als Gewand) angelegt. Es gibt nicht mehr Juden und Griechen, nicht Sklaven und Freie, nicht Mann und Frau; denn ihr alle seid ›einer‹ in Christus Jesus« (Gal 3,27–28). Das Lamm steht für eine Einheit, die die ganze Menschheit umspannt. Es wünscht und bewirkt eine Einheit unter seinem Volk, die der innigen Einheit mit seinem Vater vergleichbar ist. Entzweiung verunstaltet das Lamm. Wenn Paulus in seinem ersten Brief an die Korinther die verschiedenen Gruppen, die sich zu Paulus oder Apollos oder Kefas bekennen, rügt, so nicht deshalb, weil er für oder gegen eine dieser Parteien wäre, sondern weil er gegen jeden Parteigeist ist.
Wir lesen, daß die vier Lebewesen und die vierundzwanzig Ältesten ein neues Lied sangen. Wenn wir es mit dem alten Lied des vierten Kapitels der Offenbarung vergleichen, so sehen wir, daß die beiden Lieder sich größtenteils decken bis auf zwei bezeichnende Unterschiede, die im weiteren Verlauf des neuen Liedes herausgearbeitet werden:

> Ich sah und ich hörte die Stimme von vielen Engeln rings um den Thron und um die Lebewesen und die Ältesten; die Zahl der Engel war zehntausendmal zehntausend und tausendmal tausend. Sie riefen mit lauter Stimme:
> Würdig ist das Lamm, das geschlachtet wurde, Macht zu empfangen, Reichtum und Weisheit, Kraft und Ehre, Herrlichkeit und Lob
> Und alle Geschöpfe im Himmel und auf der Erde, unter der Erde und auf dem Meer, alles, was in der Welt ist, hörte ich sprechen:

Ihm, der auf dem Thron sitzt, und dem Lamm gebühren Lob und Ehre und Herrlichkeit und Kraft in alle Ewigkeit.

Der neue Hymnus unterscheidet sich vom ersten zunächst darin, daß der alte nur von den vier Lebewesen gesungen wurde und von den vierundzwanzig Ältesten, während der neue von zahllosen Stimmen aller Geschöpfe im Himmel und auf der Erde, unter der Erde und auf dem Meer ertönt. Die Herrschaft des Lammes kennt keine Grenzen; sie umfängt die ganze Schöpfung. Der Jesus, der umherging in Palästina, Gutes tat und die Frohe Botschaft verkündete, ist derselbe, der nun ohne Begrenzung durch Zeit und Raum angebetet wird. Während seines Erdenlebens beschränkte Jesus seine Sendung auf die verlorenen Schafe des Hauses Israel mit den beiden bemerkenswerten Ausnahmen der Heilung des Dieners des königlichen Beamten und der Tochter der Kanaaniterin (Mt 8,5–13; 15,21–28). Jetzt schließt seine Herrschaft alle ein zur Freude derer, die ihn lieben, und zum Trost derer, die an ihn glauben. Der zweite Unterschied besteht darin, daß das neue Lied in einem Atemzug den besingt, der auf dem Thron sitzt, und das Lamm. Das ist charakteristisch für das Neue Testament. Man könnte einen Christen beschreiben als einen Menschen, der in ein und derselben Verehrung sowohl den Vater als auch den Sohn anbetet. Der Übergang vom Alten zum Neuen Testament läßt sich daran erkennen, daß die unverwechselbare und eifersüchtig gehütete absolute Transzendenz Jahwes im christlichen Glauben von Jesus von Nazaret geteilt wird. Während wir ganz nachdrücklich treu festhalten an dem Bekenntnis und der Anbetung des einen Gottes, werden wir doch hineingeführt in die glückselige Vertrautheit mit dem dreifaltigen Gott. In einem berühmten Brief, der um das Jahr 111 nach Christus an den Kaiser Trajan geschrieben wurde, führt der Legat Plinius der Jüngere als Grund für die Unterdrückung und Verfolgung der Christen an, daß sie sich »vor Tagesanbruch an einem bestimmten Tag versammeln und Christus als Gott ein Lied singen«. Man staunt über die prägnante und genaue Formulierung der Anklage seitens des römischen Administrators und ist gleichzeitig bestürzt über den schrecklichen Preis, den die er-

sten Christen bezahlen mußten, um ihr Lied der Anbetung zu singen.
Doch ihnen schließen sich viele andere durch die Jahrhunderte an, Menschen, die bereit sind, alles aufzugeben, um Christus als Gott anzubeten. Denken wir an die Christen hinter dem Eisernen und dem Bambus-Vorhang: beruflich, ökonomisch, sozial zurückgesetzt, bleiben sie doch mit tapferer Hochherzigkeit ihrem Glauben treu. Ich denke an die Kontemplativen, die den Mut und die Demut haben, sich einem Leben zu verschreiben, das kaum menschliche Erfüllung bietet, wenn man den Maßstab der Leistung anlegt. Ihr Leben ist, vielleicht ohne daß sie sich dessen bewußt sind, das unzweideutigste Zeichen reinen Glaubens. In Lateinamerika und anderswo geben eine Anzahl Christen ihre Privilegien auf und schließen sich den Entrechteten in ihrem Streben nach Gerechtigkeit an: Ungeachtet der Grausamkeiten, die sie zu ertragen haben für etwas, was nichts anderes als christlich ist, bilden sie Basisgemeinschaften, in denen das Evangelium den Menschen Hoffnung und Kraft gibt. Es gibt ungenannte Männer und Frauen in allen sozialen Schichten, die Christi Ruf gehört und ihm hochherzig geantwortet haben; auch nur einem aus ihnen zu begegnen, ist ein beglückendes Vorrecht. In ihrem unauffälligen Leben wird sichtbar, was Jesus in und durch einen Menschen, der sich ihm geöffnet hat, wirken kann. Sie lassen den Geist Gottes wehen, wo er will, und gehen froh und frei dahin, während die übrigen von uns, wenn wir Glück haben, in ihrem Rückenwind segeln. Sie sind Zeichen der Hoffnung. Die Erinnerung an die Begegnung mit auch nur einem von ihnen können wir mit uns tragen als eines der schönsten Geschenke unseres Lebens.
»Amen« ist das letzte Wort des Liedes. Es ist ein Wort der Bestätigung. Mit ihm schließen wir uns den zehntausendmal zehntausend im Himmel und auf der Erde an in der Anbetung des Lammes und Dem, der auf dem Thron sitzt. Mit ihm nehmen wir unseren Platz ein unter den Christen der Vergangenheit und der Zukunft. Mit ihm möchten wir uns wie sie dem Herrn schenken.

Lamm Gottes,
du nimmst hinweg die Sünden der Welt
und brichst die Siegel,
die das künftige Reich verschließen.
Du bist die Krone der Schöpfung,
strahlend in deinen verherrlichten Wunden.
Wir beten dich an, eins im Wesen mit dem Vater.
Wir bewundern Gottes Macht in dir,
die Menschen in deine Nachfolge zieht.
Mit ihnen
legen wir unser Leben in deine Hände.
Wir möchten dir dienen
mit jeder Faser unseres Herzens,
mit aller Zeit, die uns gegeben ist.
Wir vertrauen auf deine Macht,
in uns zu vollenden,
was unsere Schwachheit nie vollbringen könnte,
heute und alle Tage und in Ewigkeit. Amen.

Dreizehntes Kapitel

Ja

Anbetung schließt immer Hingabe, ein Fiat, ein. Anbetung *ist* ein Hinschenken unseres ganzen Seins, all unserer Liebe und Zuneigung, unserer Tage und Stunden. Anbetung muß gelebt werden; mit ihr ist eine Lebensweise verbunden. Da Anbetung das Endgültige ist, umfaßt sie alles andere. Anbetung ist ein Ja, das im Gebet, mit oder ohne Worte, seinen Ausdruck findet, dann aber in jeder einzelnen Stunde des Tages und der Nacht gelebt werden muß. Da Anbetung das Höchste ist, verleiht sie auch allem Vorhergehenden die richtige Perspektive; das uneingeschränkte »Ja« gibt allem Sinn, was sie umschließt. Drei geballte Sätze, die Dag Hammarskjöld im März 1956, fünf Jahre vor seinem tragischen Tod, in sein Tagebuch schrieb, bieten einen Rahmen für eine Meditation über das »Ja«.

> Du wagst dein Ja – und erlebst einen Sinn.
> Du wiederholst dein Ja – und alles bekommt Sinn.
> Wenn alles Sinn hat, wie kannst du anderes leben als ein Ja![1]

Du wagst dein Ja – und erlebst einen Sinn:

Ja ist ein kühnes Wort, es steht für ein Wagnis, das Mut fordert. Es heißt zurücklassen, um vorwärtszugehen. Wir lassen zurück, was sicher ist, und wagen uns in das Unbekannte. Wir geben auf, was uns teuer geworden ist, und schreiten voran als freier Mensch, ohne zurückzuschauen. »Keiner von euch kann mein Jünger sein, wenn er nicht auf seinen ganzen Besitz verzichtet« (Lk 14,33). »Keiner, der die Hand an den Pflug gelegt hat und nochmals zurückblickt, taugt für das Reich Gottes« (Lk 9,62).

Ein solcher Exodus kann schwerfallen. Ein berühmtes französisches Sprichwort behauptet, es sei *mourir un peu,* ein kleines Sterben. Es bedeutet Abschied von Menschen und Dingen, an

denen wir weit mehr hängen, als wir uns bewußt sind. Ein Geben und Nehmen verbindet uns mit den Menschen, mit denen wir zusammen sind. Irgendwie spüren wir den Verzicht im Augenblick des Verzichtens stärker, während uns das Beschenktwerden erst nachher klarer zum Bewußtsein kommt. Es ist ungefähr wie bei den verschiedenen Organen des Körpers, die wir, solange sie gut funktionieren, als selbstverständlich hinnehmen, während wir sie erst richtig schätzen lernen, wenn wir krank sind. Erst wenn der Abschied Wirklichkeit wird, merken wir, wie abhängig wir sind von den Dingen, die wir im Laufe der Zeit aufgehäuft haben, wie sehr wir uns in die kleine Welt unserer Hände, unseres Geistes und unseres Herzens haben verstricken lassen. Wir haben unsere eigene Methode entwikkelt, uns in dieser kleinen Welt zu amüsieren und zu behaupten, ja sogar so weit, daß wir sie andern aufzwingen. Wir haben gelernt, in diesem kleinen Reich zurechtzukommen. Lassen heißt, in das eigene Fleisch schneiden. Deshalb fällt es uns so schwer, Abschied zu nehmen.
Mensch sein heißt, in einer Exodus-Situation leben. Aufgeben, lassen, gehört zum Leben. In vielen kleinen Proben müssen wir uns bereit machen für das endgültige Scheiden, das einzige, was in einem jeden Leben absolut sicher ist. Gott bleibt, aber sonst ist alles im Leben vergänglich: alles Biologische, Soziale, Politische, Intellektuelle, Spirituelle usw. Wer sich weigert, diese Flüchtigkeit des Lebens zu bejahen, blockiert sein Wachstum und erstarrt; in Extremfällen kann das sogar zu Neurosen führen. Die ersten Christen nannten ihren Glauben gern »den Weg«. Gott ist immer größer, auf ihn hin sind wir stets unterwegs. »Wir haben hier keine Stadt, die bestehen bleibt, sondern wir suchen die künftige« (Hebr 13,14). Jesus verkündete, daß das Reich Gottes fordert, sich selbst aufzugeben: »Wer sein Leben retten will, wird es verlieren, wer aber sein Leben um meinetwillen verliert, wird es gewinnen« (Mt 16,25). Sich selbst preisgeben in diesem Leben, ist nicht etwas, was man ein für allemal tut; es ist ein immer wachsendes Hingeben des Ichs, es fordert eine zunehmende Bereitschaft zum Opfer.
Menschen und Dinge hinter sich lassen, bedeutet nicht das Ende, sondern ist vielmehr das Auftun eines neuen Beginns in

einer größeren Weite. Wenn die Nabelschnur durchgetrennt wird, heißt das für den Säugling: hineingenommen werden in die Familie; die Sicherheit der Familie verlassen heißt für den Jugendlichen: sich in die große Welt hineinwagen; alles verlassen, wie Jesus es fordert, heißt für uns: eintreten in das Reich Gottes. Das Beschneiden dient einem reicheren Fruchtansatz. Dadurch wird der Vater verherrlicht, daß wir viel Frucht bringen. Nicht das leere, kümmerliche, kleinliche Leben ehrt und beglückt ihn, sondern das auf Fülle hin drängende. Jesus führt den Weg. Dieser Mensch, der für die anderen da ist, spricht an. Die Vertrautheit mit dem Vater, die aus ihm strahlt, fesselt und zieht uns an. Er ruft uns in die Nachfolge. Wir wissen nicht, wohin uns sein Weg führen wird, doch intuitiv ahnen wir, daß er uns zu besseren Menschen machen wird. Wenn unser Herz an Häusern oder Autos, Verwandten oder Freunden, am Beruf oder einem Hobby hängt, macht er uns frei, so daß wir vorangehen können. Was bleibt, ist allein die Liebe: Gott dienen und den Menschen.

Das Ja ist vor allem deshalb so gewagt, weil es so persönlich ist. Das Ja umfaßt meine ganze Person. Es greift nach dem Tiefsten in mir, nach meinem eigentlichen Ich. Dafür gibt es kein Vorbild. Es ist *mein* Ja, keiner hat es je vor mir in dieser Weise gesagt, und keiner kann mich bis ans Ende dieses Weges begleiten. Ich muß in die Tiefe meines Ichs hinabsteigen, um dort *den* Akt meines Lebens zu vollziehen. Der Mensch, der stets von anderen getragen werden möchte, könnte niemals so weit gehen.

Und doch gibt es in diesem Ja eine Solidarität mit anderen, die Kraft und Inspiration schenkt. Die Gemeinschaft all derer, die ihr Ja gesprochen haben, stützt uns. An erster Stelle steht hier die Hilfe Marias; sie ist ein reines Ja, ein lauteres »Es geschehe«. Vor allem befähigt uns ihr Sohn, der das absolut eindeutig uneingeschränkte Ja Gottes ist, unser Ja zu wagen. »Gottes Sohn, Jesus Christus, ... ist nicht als Ja und Nein zugleich gekommen; in ihm ist das Ja verwirklicht. Er ist das Ja zu allem, was Gott verheißen hat. Darum rufen wir durch ihn zu Gottes Lobpreis auch das Amen« (2 Kor 1,19–20).

Trotzdem bleibt es ein Abenteuer, Jesus als Gottes Ja zu folgen.

Es bedeutet, greifbare Sicherheit aufgeben sowie fühlbare Bestätigung von seiten anderer. Es ist ein Glaubensakt. Ja ist ein Wort der Freiheit. Das echte Ja kann nie aufgezwungen werden. Im letzten kann es nur auf eine Person hin gesprochen werden, nicht auf eine Sache oder Institution. Günter Grass schrieb einmal ein rätselhaftes kleines »Gedicht«, dem er den Titel »Ja« gab.

Dieses Haus hat zwei Ausgänge;
ich benutze den dritten.
Zwischen Anna und Anna
entscheide ich mich für Anna.

Die Erklärung scheint zu sein[2], daß beide Ausgänge des Hauses in die Sinnlosigkeit führen; diese verwirft Grass. Der dritte Ausgang ist nicht ein Etwas, sondern ein Du, Anna. Zwischen Anna der Heiligen, und Anna der Sünderin, zwischen Anna der Schönen, und Anna der Häßlichen, wählt der Dichter die wirkliche Anna, und durch sie wird ihm das Leben sinnvoll. Sein Ja zu der wirklichen Anna rettet ihn vor der Leere der existentiellen Ausweglosigkeit. Günter Grass' poetisches Rätsel reimt sich gut mit Hammarskjölds durchsichtiger Eintragung: Du wagst dein Ja – und erlebst einen Sinn.
Sinn ist mehr als ein intellektuelles Überzeugtsein; er umfaßt das Leben in seiner Gesamtheit. Letzter Sinn steht jenseits von Erfolg und Mißerfolg. Der Weg führt zur Weisheit des Kreuzes; es ist ein Untergang, der Triumph ist, ein Sieg, der Katastrophe ist. Das Paschamysterium vereint den Schrecken der Kreuzigung und die Herrlichkeit der Auferstehung. Die Torheit des Kreuzes enthüllt den letzten Sinn. Die Nachfolge Christi führt hinaus über die Antithese Entäußerung und Erhöhung. Der Weg führt in einen neuen Lebensbereich, wo alte Werte eine neue Perspektive gewinnen und wo in angeblicher Sinnlosigkeit unerwartet Sinnhaftigkeit aufscheint. Deshalb schenkt es eine ungeheure Kraft zum Opfer. Solange wir die Kosten berechnen, unsere Bequemlichkeit suchen, um unsere Stellung kämpfen oder nach Anerkennung streben, haben wir noch kein ungeteiltes Ja gesagt und auch noch nicht den eigentlichen Sinn des Lebens erfahren.

Du wiederholst dein Ja – und alles bekommt Sinn:

Es genügt nicht, nur einmal ja zu sagen. Es muß immer aufs neue wiederholt werden. Wir müssen uns auf den Weg machen und Schritt um Schritt weitergehen. Unser Ja ist eine sich entwickelnde Realität; je weiter wir gehen, um so tiefer und reicher wird sein Inhalt. Widerstand fehlt natürlich nie. Wir möchten es nicht in immer wieder neuen Umständen wiederholen. Wir sind wie Jakob, der Jahwe(s Engel) widerstand (Gen 32,23–33). Während der Nacht durchschreitet er die Furt des Jabbok, und bis zum Aufstieg der Morgenröte kämpft er mit einem Mann, von dem er nicht weiß, daß er ein himmlischer Bote ist. Am Ende des Kampfes bittet er den Fremden um seinen Segen. Da empfängt er einen neuen Namen, Israel, was Gottesstreiter bedeutet. In seinem Kampf mit Gott wird er verletzt und hinkt fortan. Es ist eine typische Erzählung. Wie schwer ist es, Gott in seinen zahlreichen Verkleidungen zu erkennen. Wie leicht ist es, ihn als eine Drohung zu sehen, der wir Widerstand entgegensetzen. Wie oft ist unsere Begegnung mit Gott, ehe wir uns beugen, um seinen Segen zu empfangen, ein langer düsterer Widerstand. Wieviel Schaden fügen wir uns mit dieser Opposition zu. Jede Verweigerung, unser Ja neu zu sprechen, tut unserer Persönlichkeit Abbruch, hemmt unsere Entwicklung, höhlt unsere Freude aus und vermindert die Sinnhaftigkeit unseres Lebens. Die Folgen sind: Um-sich-selbst-Kreisen, Mißgunst, Kompensation, Süchte aller Art, auf die Spitze getriebene Polarisation, Verbitterung, Abkapselung. Das halbherzige Ja gebiert verkrüppelte Menschen, und das ist keineswegs Gottes Absicht. »Ich kenne deine Werke. Du bist weder kalt noch heiß. Wärest du doch kalt oder heiß! Weil du aber lau bist, weder heiß noch kalt, will ich dich aus meinem Mund ausspeien« (Offb 3,15–16).

Wir müssen unser Ja wiederholen, bis es allmählich alles in Vergangenheit, Gegenwart und Zukunft einschließt. Solange es noch etwas in meiner Vergangenheit gibt, was ich ablehne, solange trage ich in mir eine Abschirmung, die mich daran hindert, durchscheinend zu sein. Was ich verdränge oder worüber ich mich ärgere, spaltet mein innerstes Sein oder wird zu einer schweren Kette, die ich hinter mir herschleppe. Es kann seine Zeit dauern, bis ich meine Leiden oder Mißerfolge aus vielleicht lang zurückliegender Zeit wirklich bejahe, doch daß ich sie bejahe, ist von entscheidender Bedeutung. Das Ja kann dort Sinn schaffen, wo es zunächst keinen gab. Das immer neu gesprochene Ja wird reifer, tiefer, stiller werden und schließlich der Dunkelheit Licht entlocken, dem Kreuz strahlenden Glanz. »Wir wissen, daß Gott bei denen, die ihn lieben, alles zum Guten führt, bei denen, die nach seinem ewigen Plan berufen sind« (Röm 8,28).

Ja sagen heißt auch, die Gegenwart bejahen. Es heißt, dankbar meine Talente und Fähigkeiten anerkennen, ohne zu meinen, sie müßten alle völlig verwirklicht werden. Es heißt, die Grenzen meiner Gesundheit, Ausbildung, meines Charakters usw. bejahen und gleichzeitig stetig und ruhig versuchen, sie zu überwinden. Es heißt, gelassen die Schwächen in Stärke, die uns angeborenen Versuchungen in Gnade, die geschenkten Möglichkeiten in eine reife Ernte umformen. Es heißt, ja sagen zu den anderen und ihnen den Raum und die Zuwendung geben, die sie brauchen. Es heißt, die Lage, in der ich mich befinde, annehmen und mich in ihr. Mein Ja immer neu zu sagen, führt allmählich zur Selbstbejahung, die dann ihrerseits alles andere sinnvoll werden läßt.

Es versteht sich natürlich von selbst, daß das Ja nicht identisch ist mit einem schlappen Sich-Begnügen ohne jeden Versuch, die Dinge zu verbessern. Das Gegenteil ist wahr: Nur wenn wir sie bejahen, können die Dinge verbessert werden. Anstrengung, die aus Ärger, Ungeduld oder Unmut entspringt, trägt keine bleibende Frucht. Ein Beispiel mag das illustrieren. Nehmen wir den Fall an, daß die Eltern eines stotternden Jungen sich sehr schwer tun, die Behinderung des Kindes zu bejahen. Wenn immer er stottert, sind sie irritiert und heißen ihn die Worte wiederholen. Eines Abends besprechen die Eltern die Situation untereinander. Beide haben bemerkt, daß das Stottern schlimmer geworden ist, und sie beginnen einzusehen, daß dies zusammenhängt mit dem Druck, den sie auf den Jungen ausüben. So entschließen sie sich, keine Bemerkungen mehr zu machen, wenn das Kind stottert. Beide, Vater und Mutter, schaffen es, ihrem Entschluß treu zu bleiben, und doch sehen sie, daß die Sprechbehinderung nur noch schlimmer wird. Nach einiger Zeit besprechen sie sich nochmals und entdecken, daß sie in ihrem ersten Gespräch nur ihre Taktik geändert hatten, ihr äußerliches Verhalten, nicht aber ihre innere Haltung. Sie hatten ihn nicht mehr gescholten, nein, doch sie hatten sich noch immer über das Stottern geärgert. Der Junge wurde nicht mehr gerügt, doch er stand weiter unter dem Druck, seine Eltern zu enttäuschen. Jetzt stoßen die Eltern zum eigentlichen Problem vor und ringen sich zu einer neuen Haltung durch: Sie bejahen den Jungen, wie er ist, bejahen ihn mit seinem Stottern. Das Paradox ist, daß das Kind sein Sprechen von nun an langsam verbessern kann, weil das Muß nicht mehr dahinter steht. Es ist ein echtes Paradox: solange die Eltern es ärgerlich forderten, war der Fortschritt blockiert; nachdem der Fehler in Frieden bejaht wird, beginnt er sich zu bessern. In einigen Fällen sind wir gleichzeitig Eltern und Kind!

Das Ja zur Zukunft ist ein reiner Glaubensakt, wissen wir ja nicht, worauf wir das Ja sagen. Allein das Vertrauen auf eine *Person* befähigt uns, ja zu sagen zu Freud und Leid, die die Zukunft enthält. Bei der Hochzeit ist es das Vertrauen auf den Ehepartner, verbunden mit dem Glauben an Gott, das es ermöglicht, sich auf eine gemeinsame Zukunft hin zu binden und zu bejahen, was immer sie bringen mag. Bei Priesterweihe und Ordensprofeß ist es – mit dem Vertrauen auf die Kommunität und darüber hinaus – der Glaube an den lebendigen Gott, der die Grundlage für die Bindung bildet. Ohne einen starken Glaubensgeist wäre es äußerste Narrheit, feierlich und auf immer Armut, Keuschheit und Gehorsam zu geloben. Die Schönheit und das Zeugnis der Gelübde besteht ja gerade darin, daß sie so ausdrücklich ein Akt des Glaubens sind.

Wenn alles Sinn hat, wie kannst du anderes leben als ein Ja!

Die treue Wiederholung unseres Ja führt uns schließlich zur Wasserscheide, wo das Leben in eine andere Richtung zu fließen beginnt. Die Mühe des Aufstiegs macht sich bezahlt durch eine weite Sicht und eine ruhige Leichtigkeit, das Ja ununterbrochen leben zu können. Der Pilger ist nun reinen Herzens und sieht Gott überall. Die Klarheit seines Auges dringt durch zum tiefsten Grund alles Seienden und erkennt alles als gnadenerfüllt und sinnvoll. Das wiederum stärkt das Ja. Das Leben ist heil und heilig geworden.

Sinnlosigkeit besagt, daß die verschiedenen Lebenserfahrungen in keinem Zusammenhang zueinander stehen und deshalb verwirrend wirken. Es hat einfach keinen Sinn! Es ist wie loser Sand, in dem der Mensch versinkt. Sie lähmen jede Anstrengung, etwas dagegen zu unternehmen: es kommt ja doch nichts dabei heraus. Gefühle der Verzweiflung und Hoffnungslosigkeit kommen hoch, so daß sogar Selbstmord zur lockenden Versuchung wird. Im Bereich jenseits der Wasserscheide überblickt man, was bisher isoliert erschien, und sieht nun ein zusammenhängendes Muster, das vorher nie wahrgenommen wurde. Die Veränderung vollzieht sich nicht so sehr in der Sache selbst, als vielmehr darin, daß wir die Wirklichkeit anders sehen. Wir haben nun endlich den Punkt erreicht, von wo aus wir die rechte Sicht haben. Das uneingeschränkte Ja hat jede Wirklichkeit transparent und sinnvoll gemacht. Uns ist zumute wie Jakob, der aus seinem Traum in Bethel erwacht: »Wirklich, der Herr ist an diesem Ort, und ich wußte es nicht!« (Gen 28,16). Eine tiefe Freude begleitet diese Erfahrung. Es ist wie ein Nachhausekommen nach einer langen, hoffnungslosen Irrfahrt. Dieses Zuhause ist in der Tat die Anwesenheit Gottes. Jetzt erkennen wir ihn überall, auch dort, wo wir vorher nicht das geringste von ihm entdecken konnten. Er ist das Band, das alles verbindet. Es ist der alte Begriff der göttlichen Vorsehung, den wir in neuem Licht wiederentdecken. Sinnhaftigkeit hängt also nicht ab von einem *Etwas*, sondern von einem *Du*.

Gott *hat* nichts, da er der Schöpfer von allem *ist*. Er bringt nicht etwas hervor, um es dann sich selbst zu überlassen. Er bleibt die lebendige Mitte von allem, was ist; ohne ihn könnte es nicht bestehen. In allem, was er schenkt, schenkt er auch sich selbst. Deshalb kann er in allem gefunden werden. Nur wenn wir Gott so erkennen, gewinnt die Wirklichkeit ihre volle Bedeutung, darf sie alles das sein, was sie sein soll. Das Urvertrauen, das für das Wohl des Menschen so entscheidend ist, umfaßt nun alles, was ist. Nichts kann »uns scheiden von der Liebe Gottes ...« (Röm 8,39). Die Übergabe kann jetzt vollkommen sein. Wie können wir etwas anderes als ein Ja leben? Wir können einstimmen in Charles de Foucaulds Gebet der Hingabe:

Mein Vater,
ich überlasse mich dir,
mach mit mir, was dir gefällt.
Was du auch mit mir tun magst,
ich danke dir.
Zu allem bin ich bereit,
alles nehme ich an.
Wenn nur dein Wille sich an mir erfüllt,
und an allen deinen Geschöpfen,
so ersehne ich nichts weiter, mein Gott.

In deine Hände lege ich meine Seele.
Ich gebe sie dir, mein Gott
mit der ganzen Liebe meines Herzens,
weil ich dich liebe
und weil diese Liebe mich treibt, mich dir hinzugeben,
mich in deine Hände zu legen, ohne Maß,
mit einem grenzenlosen Vertrauen,
denn du bist mein Vater.

Es mag sein, daß andere, um ihre Selbsthingabe zum Ausdruck zu bringen, das ältere Gebet des heiligen Ignatius von Loyola am Ende seiner geistlichen Übungen bevorzugen:

Nimm hin, o Herr, meine ganze Freiheit.
Nimm an mein Gedächtnis, meinen Verstand, meinen ganzen Willen.
Was ich habe und besitze,
hast du mir geschenkt.
Ich gebe es dir wieder ganz und gar zurück
und überlasse alles dir,
daß du es lenkst nach deinem Willen.
Nur deine Liebe schenke mir mit deiner Gnade.
Dann bin ich reich genug
und suche nichts weiter.

Im Lukas-Evangelium finden wir ein Gebet der vollkommenen Hingabe, das noch weit älter ist und nur ein Wort braucht: *Fiat*. Mit diesem Wort wählt Maria den Gehorsam zum Motiv ihres Lebens: »Mir geschehe, wie du es gesagt hast« (Lk 1,38). Damit übergibt sie Gott ihren Leib; und alles, was sie besitzt, ist gleichfalls in diesen einen Akt der Hingabe eingeschlossen. Dieses Wort wurde in einem Augenblick gesprochen, doch seine Ausdeutung braucht ein ganzes Leben. Wie eine Garbe, die in der Mitte gebunden ist und sich an den Enden auffächert, so wird das Leben Marias in all seiner überquellenden Fülle zusammengehalten durch dieses kleine Wort. Die Jahre ihres Lebens vor diesem Augenblick münden in dieses Wort, und ihr übriges Leben strömt von ihm aus. Gottes Gnade befähigt sie, es zu sagen, und da sie es sagt, befähigt sie Gottes Gnade, in ihr zu wirken. Es lenkt ihr ganzes Wesen auf Gott hin, hinweg von Selbstsucht und ungesunder Selbstbeschäftigung. Es macht sie ganz durchscheinend, so daß durch sie das Licht in seiner Fülle in die Welt strömen kann. Es schafft den Raum, den Gott braucht, um Mensch zu werden. Jesus ist das Ja und Amen Gottes, aber auch das Gestalt gewordene Ja Marias, die Frucht ihres Fiat; größere Fruchtbarkeit ist nicht denkbar. Ihr Fiat hemmt oder beschränkt ihre Persönlichkeit nicht, bringt sie vielmehr zu voller Blüte und ist der Prototyp jeder christlichen Fruchtbarkeit.

Wir kommen zu dir,
Mutter unseres Herrn und unsere Mutter,
um dir für dein Ja zu danken,
das uns die Menschwerdung des ewigen Ja Gottes brachte,
und das Leben zu seiner Fülle führte.
Wir bitten dich,
lehre uns, dir zu folgen,
da wir unser Ja sagen,
gläubig und mutig.
Du weißt, was es kostet, das Ja zu leben;
bewahre das unsere in Unversehrtheit und Freude.
Bitte deinen göttlichen Sohn

um die Gnade, unser Ja immer neu zu sagen
in wachsender Hingabe,
und erfahren zu dürfen,
daß so die Sinnhaftigkeit unseres Lebens zunimmt.
Du leite uns an, mitzuhelfen,
das Reich Gottes aufzubauen
heute und alle Tage und in Ewigkeit. Amen.

Anhang

Zwei Zugänge

In diesem Buch geht es um den Glauben, wie er uns durch die Worte der Heiligen Schrift übermittelt wird. Dieser Glaube kann umrissen werden mit den folgenden biblischen Worten: »Wir haben die Liebe, die Gott zu uns hat, erkannt und gläubig angenommen« (1 Joh 4,16). In jedem Kapitel wird der Nachdruck gelegt auf die Liebe Gottes zu uns, wie wir sind. So kann es von Nutzen sein, wenn am Ende eine Auswahl einiger Aspekte dieser Betonung aufgeführt wird. Es soll nichts weiter sein als ein Schema, das den Inhalt des Buches nicht ersetzt, sondern vielmehr voraussetzt; ohne das letztere könnte es eher irreführend als nützlich sein. Um der Deutlichkeit willen stellen wir die Glaubensbetonung einem mehr ethischen Zugang gegenüber. Um fair zu bleiben, soll jedoch ein Wort der Warnung gesagt werden. Die beiden Zugänge bilden durchaus keinen klar umrissenen Gegensatz, und ebensowenig darf man zwischen ihnen eine scharfe Trennung ziehen; im Gegenteil, sie verschmelzen und sind beide unerläßlich. Die ethische Haltung hat ihre Berechtigung, ihren Wert und ihre Weisheit. Daß es dennoch verantwortbar ist, den ethischen und den Glaubens-Zugang einander gegenüberzustellen, gründet auf der Tatsache, daß zwischen einem Lebensstil, der die Betonung auf den Glauben legt, und einem, der sich auf das sittliche Verhalten konzentriert, ein entscheidender Unterschied besteht. Herrscht die zweite Haltung vor, dann ist die Gefahr da, daß ein Christ – wenn nicht der Theorie nach, so doch zumindest in der Praxis – zu sehr vom Moralischen in Beschlag genommen wird, seine eigene Rechtschaffenheit produziert und so die Bedeutung des Glaubens unterschätzt. Das Ideale wäre ein starker Glaube, der ein gesundes, kraftvolles ethisches Bemühen in sich schließt und beherrscht. Nach dieser Warnung dürfte das Schema nicht als ein zu grobes Raster erscheinen.

Glaubenszugang	Ethischer Zugang
Das Kostbarste ist Gottes Liebe zu mir, wie ich bin, und zu meinem Nächsten.	Das Wichtigste ist meine Liebe zu Gott und zu meinem Nächsten.
Weil Gott gut ist, macht er mich kostbar in seinen Augen; das ist der Grund, weshalb ich mich bemühe, gut zu sein. Ich werde in das Gutsein hineingeliebt.	Mein Bemühen, gut zu sein, macht mich wohlgefällig in seinen Augen. Wenn auch nicht theologisch, so liegt doch im psychologischen Empfinden der Ansatzpunkt bei mir.
Gott ist der tiefste Grund meines Seins. Nur das, was ich ihm gebe, gehört mir wirklich. Nicht Gott ist die Bedrohung, sondern ich insoweit ich Gott nicht Gott sein lasse.	Gott wird leicht als Bedrohung gesehen. Immerzu verlangt er Opfer von mir. Er gleicht einem Konkurrenten; sein Gewinn ist mein Verlust.
Gott ist ein Du, er wird als der Allerwichtigste erlebt.	Gott als eine liebende Person steht eigentlich mehr am Rande der Existenzerfahrung.
Glaube ist zunächst ein Liebesverhältnis mit Gott – Vater, Sohn und Heiliger Geist. Dieses persönliche Verhältnis zeigt sich als fruchtbar in der Weise, in der wir mit Menschen, Situationen und Dingen umgehen: an den Früchten erkennt man den Baum.	Glaube ist vor allem eine Lebensanschauung, die zu Hingabe, Hochherzigkeit und Einsatz führt. Diese Lebenseinstellung formt hilfsbereite und opferfreudige Menschen. Oft aber sind die Früchte wichtiger als der Baum.
Sünde ist im Kern, sich nicht lieben lassen von Gott. Ich schirme mich von seiner Liebe hauptsächlich dadurch ab, daß ich mich zuviel an Dinge oder Menschen verliere; ich möchte der Schmied meines eigenen Glückes sein, anstatt es mir von Gott schenken zu lassen.	Sünde ist der Versuch, auf unerlaubte Weise eine Lücke in meinem Leben auszufüllen; ein Übertreten von Gesetzen und Vorschriften und ein freiwilliges Versagen in meinen Pflichten; ein Mangel an Liebe zu Gott und eine Abnahme der Liebe Gottes zu mir.

Glaubenszugang	Ethischer Zugang
Gewissenserforschung ist zuerst Dank an Gott für konkrete Zeichen seiner Treue und Sorge und aus dieser Erfahrung heraus Reue darüber, daß ich dem zuwenig entsprochen habe.	Gewissenserforschung ist hauptsächlich ein Fahnden nach meinen Fehlern und ein Überprüfen meiner Motivation, verbunden mit einem Akt der Reue über meine Verfehlungen und einem Vorsatz, mich zu bessern.
Beichten erreicht seinen Höhepunkt in der lauteren Freude des Vaters, die er empfindet, wenn ich von meinen Irrwegen zurückkehre und er mir vergeben kann; es ist ein Teilhaben an seiner Freude und damit ein Wachsen in der Vertrautheit mit ihm.	Beichten konzentriert sich auf meine Sünden, die ich gewissenhaft artikulieren muß, und auf meine Reue über diese Sünden; ich bin dankbar für Gottes Vergebung und fühle mich erleichtert.
Das Kreuz wird nicht von Gott gezimmert; letzten Endes liegt sein Ursprung im Widerstand des Menschen Gott gegenüber.	Das Kreuz wird von Gott auferlegt, wie in Jesu Leben, so auch in dem meinen. Ich muß es aus seinen Händen geduldig annehmen.
Beten heißt, mich von Gott lieben lassen, mich sonnen in seiner Liebe; es heißt, Gottes Herrlichkeit in Jesus betrachten und dadurch zutiefst umgeformt werden (vgl. 2. Kor 3,18), Christus mehr kennenlernen, lieben und nachfolgen.	Beten heißt, Gottes Wort betrachten und um seine Gnade und Hilfe bitten. Ich muß das auf mich selbst beziehen, wenn auch auf die Gefahr hin, mich zuviel mit mir selbst zu beschäftigen. Eigentlich kann jedes Sich-Versenken in sich selbst und die Schöpfung Meditation genannt werden.
Hingabe ist Gottes Tun in mir; ich muß mich von ihm ziehen lassen.	Hingabe wird gefühlsmäßig erfahren als meine eigene Anstrengung; natürlich bin ich mir dabei meines Versagens bewußt.
Demut ist, fasziniert sein von Gottes Schönheit, Güte und Größe und ein Verlangen, bei Jesus zu bleiben in seinen Mühsalen und in seiner Verherrlichung.	Demut ist ein Bemühen, mich kleiner zu machen; meine Aufmerksamkeit richtet sich auf meine Schwäche und Unzulänglichkeit.

Glaubenszugang	Ethischer Zugang
Vollkommenheit heißt, mit Gott leben – er in mir und ich in ihm.	Vollkommenheit besagt, daß es an nichts mangelt – keine Fehler, kein Mangel, kein Makel.
Nächstenliebe ist Gottes Liebe, die mein Herz zum Überfließen füllt und hinströmt zu meinem Nächsten. Dadurch, daß sie die Geringsten meiner Brüder und Schwestern umschließt, weist sie sich aus als *seine* Liebe, die durch mich zu den anderen fließt.	Nächstenliebe ist das größte Gebot, dem Gebot der Gottesliebe gleich; sie ist die Norm, nach der ich gerichtet werde. Sie ist meine vornehmste Aufgabe. Gott Dank wächst diese Liebe, wenn ich auch immer noch viel Selbstsucht spüre. Es tut mir aufrichtig leid, daß ich noch immer einige Menschen nicht so bejahen kann, wie sie sind.
Die Eucharistie hat viele Aspekte, die alle in dem einen Kerngeheimnis zusammentreffen: »Tut dies zu meinem Gedächtnis.« Eucharistie ist *er*. Mit seinem Leib und Blut schenkt er mir auch seinen Geist.	Eucharistie ist ein Mahl, das die Einheit derer, die daran teilnehmen, voraussetzt und stärkt. Wenn ich an diesem Mahl teilnehme, verpflichte ich mich zu echtem Einsatz für die anderen.
Kurz zusammengefaßt: Was mich heil(ig) macht, ist Gottes Liebe zu mir. Der Nachdruck liegt auf Gott, dem ich dienen möchte.	Heil(ig) macht mich meine Liebe zu Gott. Der Nachdruck liegt auf mir, der ich Gott dienen möchte.

Anmerkungen

Die Stellen aus der Heiligen Schrift sind aus der Einheitsübersetzung genommen (Stuttgart, Katholische Bibelanstalt 1980).

Erstes Kapitel

[1] Harvey Cox, Turning East: The Promise and Peril of the New Orientalism, New York, Simon & Schuster 1977, 102 (deutsche Übersetzung: Licht aus Asien, Verheißung und Versuchung östlicher Religiosität, Stuttgart / Berlin, Kreuz Verlag 1978, 125).
[2] C. S. Lewis, A Grief Observed, New York, Seabury Press, n. d., 32, 52, 53. Original edition under the pseudonym N. W. Clerk, London, Faber & Faber 1961.
[3] Hrsg. von Willi Massa, Die Wolke des Nichtwissens. Einführung und Anleitung, Mainz, Matthias Grünewald Verlag 1974, 58.
[4] PG 37, 507–508; deutsche Übersetzung in: A. Hamman OFM, Gebete der ersten Christen, Düsseldorf, Patmos Verlag 1963, 256/257.
[5] Nach Madeleine Debrêl, La Joie de Croire, Paris, Seuil 1968, 90 (deutsche Übersetzung: Gebet in einem weltlichen Leben, Einsiedeln, Johannes Verlag 1974, 116).
[6] Herwig Arts SJ, Met Heel Uw Ziel, Antwerp, Patmos 1978, 93–95.

Zweites Kapitel

[1] Die früheste uns bekannte Darstellung des Gekreuzigten findet sich auf einem elfenbeinernen Reliquiar aus dem Beginn des fünften Jahrhunderts (Britisches Museum in London). Ebenfalls aus der ersten Hälfte des fünften Jahrhunderts stammt eine Holzschnitzerei der Kreuzigung an der Eingangstür der Kirche Santa Sabina, neben dem Generalat der Dominikaner in Rom.

Drittes Kapitel

[1] Alexander Mitscherlich, Auf dem Weg zur vaterlosen Gesellschaft, München, Piper 1963.
[2] Lance Morrow, Time Essay, in: Time, March 5, 1979, 42.
[3] Piet van Breemen SJ, Mein Name in Seiner Hand, Würzburg, Echter Verlag 1979, 50.
[4] Viktor E. Frankl, Man's Search for Meaning: An Introduction to Logotherapy, Boston, Beacon Press, 1966, 134. Vgl. auch: Der Wille zum Sinn, Bern, Verlag Hans Huber 1978[2], 159–160 und: Ärztliche Seelsorge, Wien, Verlag Franz Deuticke 1979[9], 29–30. Aus beiden Passagen ex-

zerpiert der Autor in einem Brief den folgenden – leicht modifizierten – Text:
Der Determinismus führt den Glaubensverlust eines Menschen auf dessen Erziehung und Umgebung zurück. Immer wieder wird etwa behauptet, es sei der Einfluß der Vaterimago, dem im konkreten Falle die Verzerrung des Gottesbildes und so denn auch die Verleugnung Gottes zuzuschreiben ist. Nun, meine Mitarbeiter nahmen sich die Mühe, einer auslesefreien Serie hinsichtlich der Korrelationen nachzugehen, die sich zwischen Vaterimago und religiösem Leben aufhellen lassen. Im Laufe ihrer statistischen Untersuchungen stellte sich nun heraus, daß sich die in ihrem späteren Leben Religiösen keineswegs nur aus den Kreisen jener Leute rekrutierten, die eine mit positiven Zügen ausgestattete Vaterimago besaßen, wie denn auch umgekehrt die irreligiös Gewordenen ihre Irreligiosität nicht etwa nur einer negativen Vaterimago zu verdanken hatten.

Fünftes Kapitel

1 Einheitsübersetzung 1972.
2 PL 182, 247; Ep. 107, 8.
3 Paul Tillich, In der Tiefe ist Wahrheit, Stuttgart, Evangelisches Verlagswerk 1952, 178–179.
4 Reninca, Brandend Heden, Tielt, Lannoo 1947, 50.

Sechstes Kapitel

1 ScG III, 122.

Siebtes Kapitel

1 Karl Rahner SJ, Schriften zur Theologie, Bd. VII, Einsiedeln – Zürich – Köln, Benziger 1971[2], 22.

Achtes Kapitel

1 Erich Fromm, Psychoanalyse und Religion, München, Wilhelm Goldmann Verlag 1980, 92.

Neuntes Kapitel

1 PG 33, 1081. Dem heiligen Cyrill, Bischof von Jerusalem, 349–387, zugeschrieben (deutsche Übersetzung: Texte der Kirchenväter, Bd. IV, zusammengestellt und herausgegeben von Alfons Heilmann, Mystagogische Katechese 2, 2–8, München, Kösel 1964, 258).

[2] T. van Bavel OSA, De lijdende God, in: Tijdschrift voor Theologie 14, 1974, 146.

Zehntes Kapitel

[1] PL 76, 1201; Hom 24 in Ev.

Elftes Kapitel

[1] Erklärung über das Verhältnis der Kirche zu den nichtchristlichen Religionen, Nostra Aetate, 2; Kleines Konzilskompendium, Freiburg – Basel – Wien, Herder 1966, 356.
[2] William Johnston SJ, The Inner Eye of Love, New York, Harper & Row 1978, 70–71.

Dreizehntes Kapitel

[1] Dag Hammarskjöld, Zeichen am Weg, München – Zürich, Droemer Knaur 1979, 69.
[2] Josef Sudbrack SJ, Das Wort und das Schweigen, in: Geist und Leben 47, 1974, 346–347.

Weitere Bücher von Piet van Breemen:

Wie Brot das gebrochen wird

20 Schriftmeditationen
160 Seiten, Broschur, 5. bis 8. Tsd.

In einer packenden Sprache wenden sich die Meditationen über Grundworte der Heiligen Schrift an den Leser. Sie wollen ihn betroffen machen und herausfordern. So wie Brot gebrochen wird, so soll der Mensch für seinen Mitmenschen aus der Liebe zu Gott, der die Liebe ist, verfügbar werden.

Mein Name in Seiner Hand

Zum Antwortcharakter des christlichen Glaubens
184 Seiten, Broschur, 4. Tsd.

Das Buch ist als eine lebendige geistliche Hilfe für den Menschen von heute gedacht, eine Begegnung mit der Heiligen Schrift. Dem Autor geht es darum, dem Leser zu zeigen, wie sehr Gott sich für ihn verbürgt, wie der Mensch überhaupt durch Gott erst zu sich selbst finden kann. Der Mensch soll durch alles Unechte und Unreife zu dem wachsen, was er wirklich ist: ein in Gottes Hand Geschriebener, den Gott ruft, dem der Mensch antwortet und so zum verantwortlichen Menschen wird.

Gerufen und gesandt

Gedanken zur Nachfolge
96 Seiten, Broschur, 5. bis 8. Tsd.

In sechs Kapiteln werden hier die Grundwerte des Ordenslebens in der Sicht ihrer heutigen Verwirklichung lebensnah behandelt. Die Kraft dieser Schrift liegt in der Kombination einer modernen Theologie des Ordenslebens mit einer in breiter Erfahrung wurzelnden Praxisbezogenheit. Folgende Themen kommen vor allem zur Sprache: Kontemplation in der Aktion – Gemeinschaftsleben – Armut – Ehelosigkeit – Gehorsam – Zukunftsvision der Orden. Amtsblatt Bamberg

echter